EINE WALLFAHRT ZU MOZART

Eine Wallfahrt zu Mozart

Die Reisetagebücher von
Vincent und Mary Novello
aus dem Jahre 1829

Herausgegeben von
Nerina Medici di Marignano
und Rosemary Hughes

Deutsche Übertragung
von Ernst Roth

Boosey & Hawkes GmbH · Bonn

4. Auflage

ISBN 3-87090-101-2

Vorwort

Am 24. Juni 1829 machte sich ein fanatischer Mozartverehrer auf die beschwerliche Reise von London nach Salzburg und Wien, um, 38 Jahre nach des Meisters Tode, die wenigen überlebenden Verwandten und Freunde Mozarts zu sehen und die Orte zu betreten, die Gegenstände anzufassen, die durch die Berührung mit dem Genius geheiligt waren. Der Reisende war Vincent Novello und er selbst nannte die Reise eine »Wallfahrt«. Vincent Novello war 1781 in London geboren. Sein Vater, Giuseppe Novello, stammte aus dem piemontesischen Dorfe Tonengo und hatte sich 1771 als Bäcker und Patissier in London niedergelassen. Er muß ein Mann von höheren Vorsätzen gewesen sein, denn er sandte seine beiden Söhne, den älteren Francesco und den jüngeren Vincenzo nach Boulogne, um Französisch zu lernen und ließ insbesondere Vincenzos musikalischer Begabung freien Lauf. Obwohl Vater und Söhne ihren katholischen Glauben bewahrten, was einer Karriere im damaligen England nicht eben förderlich war, waren die Söhne doch völlig anglisiert und nannten sich nur noch Francis und Vincent. Von dem älteren ist nicht viel mehr bekannt, als daß er Chorsänger war, der jüngere Vincent aber gelangte bald in den Mittelpunkt des gei-

stigen Lebens der englischen Hauptstadt. Er wurde Organist und Dirigent an der Kapelle der portugiesischen Botschaft, war einer der Gründer und Direktoren der im Jahre 1813 ins Leben gerufenen Philharmonic Society und eröffnete, mehr aus Kunstbegeisterung als aus Geschäftssinn, den noch heute bestehenden Musikverlag, der namentlich den englischen Kirchenchören die Chorwerke der großen Meister, vor allem Mozarts und Haydns, zugänglich machen sollte. Die kirchlichen Aufführungen in der portugiesischen Kapelle waren der Treffpunkt der musikalischen Welt und in Novellos Haus verkehrten die berühmtesten Männer der Zeit: Keats und Shelley, Leigh-Hunt und Cowden-Clarke (der Novellos Schwiegersohn wurde), Liszt, Bériot, die Malibran, Mary und Charles Lamb.

Im Jahre 1808 heiratete Novello die Tochter eines Simon Hehl, Mary Sabilla, deren Familie aus Deutschland stammte. Aber auch sie war so sehr anglisiert, daß sie nicht mehr Deutsch verstand. Mary Sabilla, die ihren Mann auf der Reise nach Salzburg und Wien begleitete, war eine Frau von scharfem Witz, guter Beobachtung und schriftstellerischer Begabung. Sie war eine vorbildliche Mutter von elf Kindern, von denen im Jahre 1829 noch acht am Leben waren, darunter die damals elfjährige Clara, die später als Sängerin, von Rossini sehr gefördert (sie sang die Sopranpartie bei der Uraufführung seines »Stabat Mater«) zu großer Berühmtheit gelangen sollte.

Zu Beginn des Jahres 1829 erhielt Novello, vermutlich durch Thomas Attwood, Organist an der St. Pauls Kathedrale, der von 1785 bis 1787 in Wien Mozarts Schüler gewesen war, die Nachricht, daß Mozarts Schwester,

Marianne von Sonnenburg, schwer krank und mittellos wäre. Er veranstaltete eine private Sammlung, an der sich u. a. Attwood, Moscheles und J. B. Cramer beteiligten und die den ansehnlichen Betrag von 63 Pfund ergab. Die Gelegenheit schien ihm willkommen und er entschloß sich, das Geschenk selbst in Salzburg zu überreichen. So trat denn das Ehepaar Novello die Reise an, von der die folgenden Tagebuchblätter erzählen.

Vincent und Mary Novello führten jedes ein eigenes Tagebuch, aber die Tagebücher waren fast 120 Jahre verschollen. Das Ehepaar Novello verließ 1849 London und siedelte sich in Nizza an, wo Mary 1854 und Vincent 1861 starb. Clara hatte 1842 ein Engagement am Teatro dell'Aquila in Fermo in der Mark Ancona angenommen, wo sie einen Grafen Gigliucci heiratete. Es war in Fermo, wo im Jahre 1945 eine Enkelin Claras, Bona Gigliucci, die Tagebücher unter alten Familienpapieren fand. Eine Schwester Bonas, Nerina Medici di Marignano, besorgte mit Rosemary Hughes die englische Ausgabe, die im Jahre 1955 bei Novello & Co. in London erschien.

Die Tagebücher waren nicht zur Veröffentlichung, sondern für die Familie bestimmt. Die Eintragungen sind oft nur schlagwortartig im Reisewagen hingeworfen. Wir haben keinen Versuch gemacht, den Stil zu glätten, um den lebendigen Eindruck nicht zu verwischen.

Die vorliegende deutsche Übertragung hat aus den beiden Tagebüchern jeweils die lebendigere und farbigere Darstellung gewählt, wo sowohl Vincent als auch Mary den gleichen Gegenstand behandeln. Die betreffenden Stellen sind mit »V. N.« und »M. N.« bezeichnet.

Aus den Blättern dieser Tagebücher weht der frische

Hauch unmittelbaren Erlebnisses. Die Wißbegier der beiden Reisenden umfaßt alles, was sich ihnen darbietet, nicht bloß das Musikleben von der Oper bis zu den Wandermusikanten in den Gasthöfen, sondern Land und Leute, Reisemethoden, Herbergen, Preise und Wetter. Vor allem aber stehen die Gestalten aus Mozarts Leben leibhaftig vor dem Leser, die Schwester, die Witwe und der jüngere Sohn, Aloysia Lange, Abbé Stadler und das Ehepaar Streicher. Natürlich treten auch Haydn und Beethoven in den Kreis der Gespräche und zum Schlusse fällt auch der Name Franz Schuberts, aber Vincent Novello stellt keine Frage nach dem nur wenige Monate vorher Verblichenen. Der Name Schuberts war noch nicht nach England gedrungen.

ERNST ROTH

Die Reise nach Salzburg

M. N. (London–Boulogne–Antwerpen, 24. bis 28. Juni) [1]

Meine lieben Kinder,
ich bin nun eine Woche fort und mit Ausnahme der letzten Nacht war die Freude an dieser Reise ungetrübt. Nach zwei Nächten im Wagen waren wir etwas müde, wir werden trachten, das in Zukunft zu vermeiden. Die Kinder in Boulogne [2] sind wohlauf und munter ...

V. N.

... Ich entsinne mich einiger Verse bei Cowper, worin der Wind in den Baumwipfeln mit dem Rauschen des Meeres am Strande verglichen wird:

> ... klingt es nicht,
> Wenn hin am Saum der alten Wälder fährt
> Der schnelle Wind, als dröhnte um ein Kliff
> Das nimmermüde, sturmgepeitschte Meer.

Nicht bloß ist der Ansturm des Wassers erhaben schön, wenn es schwer und immerzu über den Strand bricht, auch das leise, kaum hörbare Flüstern der kleinen Wellen, die den schwebenden Tang wiegen, ehe sie ihn am Strande niedersetzen, klingt fast so beruhigend wie das Säuseln des Sommerwindes in den Bäumen und Büschen – ein Klang, für den die englische Sprache, wie ich glaube, kein ausdrucksvolles Wort besitzt – wir sagen »die Bäume

seufzen oder flüstern«, aber der Wind in den Bäumen scheint mir besser und eleganter ausgedrückt in dem italienischen »sussurrare«:
Frangersi l'acqua, e sussurrar-le foglie.

26. Juni. Verließen Boulogne um 6 Uhr abends, kamen um 10 in Calais an. 5 fr. pro Person, 1 fr. dem Führer. Erreichten Dünkirchen Samstag, 27. Juni, morgens 3, 10 Meilen von Calais. Verließen Dünkirchen um 4 Uhr morgens. Die Wagen fahren rechts, nicht links – verwirrend für den englischen Reisenden.
Neuartige Karren mit malerischen Figuren – gute Farben, blaue Arbeitskittel ... kleine, dicke, glatthaarige Pferde, die fast wie Maultiere aussehen.
Ein Kuckuck.
Ein Mädchen zieht ein Boot an einem Kanal bei Dünkirchen – sehr flache, ermüdende Landschaft – malerische alte Feste am Ufer des Kanals ...
Hinter Berze (oder Bergues) ist die Straße schön, hohe Föhren zu beiden Seiten – gut bebaut ...
Bergues ist ein wohlgebauter Ort, einige schöne Häuser. Gut befestigt, aber vernachlässigt ...
Cassel ... die höchste Erhebung, an der wir vorübergekommen sind. General Vandamme[8] hat ein Schloß hier und lebt ganz zurückgezogen. Herrlich gelegen, die gewundene Straße bietet abwechslungsreiche und weite Blicke, besonders nach einer Erhebung hin, die unvermittelt links von unserem Hügel aufsteigt. Die schönste Fernsicht, die wir bisher genossen haben. Wenn man von der Höhe durch das Tor und in die Runde blickt, hat man ein Bild, das einen Claude oder unseren ausgezeichneten Künstler Turner entzückt haben würde.

Die Kirche, ein altmodisch aussehender Bau, ist von einer jener melancholischen Darstellungen der Kreuzigung entstellt, die in dieser Gegend so häufig sind und in mir unweigerlich ein Gefühl der Traurigkeit erzeugen, wann immer ich diesen Zeugnissen fortdauernder Unwissenheit und Bigotterie begegne.

Das Glockenspiel, das gerade erklang, als ich die Kirche betrachtete, ist abscheulich. Es hat nicht die entfernteste Beziehung zu einer Tonleiter, weder diatonisch noch chromatisch noch enharmonisch, sondern ist nichts als ein mißtöniges Geklingel.

Verließen Lille um 2 Uhr – kaltes Geflügel, Wein ... betraten belgischen Boden in Menin. Angenehmer *Conducteur*, der Italien und Deutschland kannte. Intelligenter Mensch.

Verließen Menin um 5 Uhr. Lumpenpack von Zöllnern, sie werfen das Gepäck durcheinander ohne um Erlaubnis zu fragen, und verlangen Geld für ihre Frechheit – ein sinn- und zweckloses System.

Plötzlich heftiges Hagelwetter.

Courtrai – hübscher und großer Ort. Fuhren um 6 Uhr ab, nachdem wir Kaffee genommen.

M. N. Antwerpen, Sonntag, 28. Juni – Montag, 29. Juni

In Antwerpen verloren wir keine Zeit. Da es glücklicherweise St. Peter und Pauls-Tag war, sahen wir nicht bloß die himmlischen Gemälde von Rubens, sondern hörten eine Instrumentalmesse und Vesper und eine Militärmesse. Vesper auch in St. Jacques, wo das Familienbild von Rubens hängt, ein ewiges Denkmal seines erhabenen Genies, das der Kirche selbst einen Glorienschein verleiht. Im übrigen ist die Kirche reich an Marmor- und Skulpturenschmuck und besitzt ein paar Köpfe von van Dyck und einen hl. Rochus. Dagegen ist die Orgel schlimmer als schlimm, ihr abscheuliches Brummen zwang mich fast, den Ort zu verlassen, dem Töne entströmten, wie sie eine Armesünderseele von sich geben mag.

V. N. (in der Antwerpener Kathedrale)

Messe von Eybler, Organist Flipps ... Kyrie d-moll, Gloria D-dur ... Klarinetten zu tief ... die Fuge ist am besten geraten ... keine Mittelstimmen. Responsorien nicht gregorianisch und schlecht. Benedictus im Übergang nach B-dur zu schnell ... eine Entlehnung von Mozart ... Agnus Dei in G pizzicato, Bläser legato mit kontrastierenden Singstimmen – gut gesetzt ... Das Dona kehrt in die Anfangstonart D zurück ... Der Schluß für eine kirchliche Komposition nicht würdig genug ... Das Nachspiel war das reizende Andante in F aus Haydns B-dur-Symphonie, die wir zuletzt im Philharmonischen Konzert gehört haben.
Ich stellte mich so, daß ich die beiden Gemälde (von Rubens) sehen konnte. Die Kanzel ist eigenartig geschnitzt.
Die Glasmalereien ähneln denen in der King's Chapel (Cambridge) und im Münster von York – stammen vermutlich von Roger, einem Zeitgenossen von Holbein (siehe Burney, S. 54) – nur im nördlichen Querschiff – zwei von den 6 Fenstern im Mittelschiff von Dürer.[4]
Eben da der Gottesdienst zu Ende ging, kam ein bildschönes Mädchen vorbei. Ihre Haube war sehr kunstvoll gesteckt und ihr Kopf gemahnte mich an eine von

Guidos außerordentlichen Madonnen. Sie war ein reizendes Geschöpf, mehr wie eine Italienerin als eine Flämin.
St. Jacques – interessantes Rubens-Denkmal; er ist an einem würdigen Orte begraben. Familienbild. Das Porträt in Rüstung gleicht ihm, aber ich ziehe das Bildnis in der königlichen Sammlung vor, das früher in Carlton House war, ebenso wie das andere, das ihn mit einer seiner Frauen darstellt, die über seine Schulter den Beschauer ansieht. Dieses letztere ist vielleicht besser unter der Bezeichnung »Schäfer und Schäferin« bekannt. Ich habe für den *Chapeau de Paille* nicht viel übrig, aber die zweite Frau ist sehr hübsch und der kleine Engel, der sich an die Beine des alten Mannes lehnt, ist so geschmackvoll, daß er eines Tizian selbst würdig wäre. Er wird nur von dem unvergleichlichen Cupido dieses Künstlers in dem Bilde »Venus blendet Cupido« übertroffen, das von Strange[5] meisterhaft gestochen worden ist.
Es tut mir leid, daß ich von der musikalischen Aufführung in dieser Kirche nichts ähnlich Günstiges sagen kann. Ich hörte die ganze, von einem kleinen Orchester begleitete Vesper, aber in dieser Sammlung von Musikstücken war nicht eines, das Aufmerksamkeit verdient hätte. Die Chor-Orgel ist armselig und dünn im Ton, die große Orgel ist durchaus die schlechteste, die ich je gehört habe. Das Zungenwerk summt mißtönig und ist verstimmt. Eine hübsche Stimme unter den Sopranen – schade, daß man keine Frauenstimmen verwendet wie in England.
Die Musik stammte von irgendeinem obskuren Komponisten, dessen Namen ich zu seinem eigenen Vorteil nicht

festzustellen suchte (und seine achtlose und unkundige Hand und die gemeine Art der Begleitung boten keine Entschädigung für die Armseligkeit der Erfindung).
Ein freundlicher Schweizer schien für die Ehre seiner Kirche zu fürchten. Ich erzählte ihm, daß die Rubensschen Deckengemälde von Whitehall in die Nationalgalerie übertragen werden würden, worüber er sehr erfreut schien.
Zwei Bildnisse von van Dyck – schade, daß es hier nicht mehr von ihm gibt – Ähnlichkeit mit Milton.
Nach der Vesper in St. Jacques, die um 4 Uhr begann und zwanzig Minuten vor 5 Uhr zu Ende war, eilte ich wieder in die Kathedrale zum Nachmittags-Gottesdienst, der auch um 5 Uhr begann.
Die Prozession war eine höchst pompöse und eindrucksvolle Zeremonie. Zuerst bahnte der Schweizer den Weg – dann kamen gestickte Fahnen von großen goldenen und silbernen Lampen umgeben – dann zumindest 40 bis 50 lange Wachskerzen von Priestern getragen und die ehrbaren Bürger hinterdrein; die Ministranten, die immer rücklings gingen, schwangen Weihrauchgefäße und knieten nach je drei Schritten nieder.
Die wunderbaren Rubensbilder, namentlich die Kreuzabnahme.
Vesper in der Kathedrale, Cimarosa – der Es-dur-Satz mit Tenorsolo und begleitendem Chor ist der beste. Die schönste Tenorstimme, die ich bisher gehört. Kinder singen nun »Youth's the season made for joy«. Alles an der Orgel ist äußere Aufmachung, großes Gehäuse mit vielen Zutaten, der Ton ist armselig, es fehlt ihm, namentlich in den Bässen, an Kraft.
Zur Prozession spielte das Orchester recht gut den ersten

Satz von Haydns B-dur-Symphonie. Sie gehört nicht zu den berühmten zwölf Symphonien, die er in England für Salomon geschrieben hat, ist aber in seinem besten Stil komponiert und voll Energie. Die Wirkung wurde von einer zu tief gestimmten Posaune durchaus verdorben. Da der Satz für die Prozession nicht ausreichte, stückelte ihn der Organist mit dem gleichen Satz an, den er schon am Vormittag gespielt hatte.
»Comment vous quittez votre ducaze« sagte eine Lady zur anderen (denn aus Höflichkeit ist jede Frau eine Lady).

V. N.

Ich habe bisher nichts von Haydn, Mozart, Beethoven, Cherubini, Hummel oder anderen großen Komponisten gehört.
Verließen Antwerpen um 5 Uhr abends mit der Diligence vom Hotel d'Angleterre. 64 fr. 35 cts. bis Köln.

V. N.

Montag, 29. Juni. Kamen in Mecheln um 7 Uhr an. Wunderbarer gotischer Kirchturm, ein wenig wie der Turm der Kathedrale in Antwerpen. Haupterzeugnisse sind Halstücher.
Ein Mitreisender sagte mir, daß der Turm ursprünglich viel höher hätte werden sollen und wenn dieser Plan ausgeführt worden wäre, wäre er fast, wenn nicht ganz so schön geworden wie der Antwerpener. Der untere Teil ist glaube ich, schöner als der Antwerpener Turm. Das Maßwerk der Fenster, besonders an der Südseite, ist viel eleganter und graziöser als an der Antwerpener Kathedrale.

Die Straße von Mecheln nach Louvain ist so gerade wie ein Pfeil, ohne die geringste Biegung in ihrer ganzen Länge von 12 Meilen.
Kamen um 10 Uhr in Louvain an – die Einfahrt in die Stadt sehr malerisch, steil einen Hügel hinab, auf dessen Höhe zur Linken die Überreste einer Festung stehen, die von Julius Caesar erbaut worden sein soll. Das Rathaus ist ein bemerkenswert gutes Beispiel alter Architektur, das wir unter ganz besonderen und glücklichen Umständen sehen konnten, denn da der König eben an diesem Abend durch Louvain kam, waren das Rathaus und seine Nachbarschaft hell erleuchtet und die oberen Stockwerke mit Fahnen bedeckt, die, hoch über uns im Lampenlicht wehend, gute Wirkung machten. Vor dem Tore des Rathauses erwarteten sechs Pferde des Königs Ankunft. Der Platz war von Soldaten gesäumt und obwohl es in Strömen regnete, schien die ganze Stadt hier versammelt zu sein, um die Beleuchtung und das Schauspiel zu genießen.

M. N. Antwerpen-Köln, 29. Juni bis 1. Juli

Wir waren vom Glück begünstigt, wenn man von einem kalten Regenschauer absieht; auch ließ ich meinen guten Mantel liegen, dafür geruhte glücklicherweise der König der Niederlande am selben Abend Louvain zu passieren und die Stadt war fröhlich beleuchtet. Der Anblick war höchst malerisch, wie im England der Königin Bess[7]. Das schöne gotische Rathaus hatte illuminierte Kronen in allen Fenstern und bot so eine Front von Lichtern, die sich in den gegenüberliegenden Häusern spiegelte und ihre zackigen spitzen Giebel beleuchtete; an allen Fenstern waren Frauen in den auffallenden Farben, die für den

Kontinent bezeichnend sind. Auf dem Platz war das Militär aufgestellt wie ein buntes, aber einförmiges Parterre, und eine Menge gaffender Bauern füllte die ganze Umgebung. Unser *Conducteur* hätte sie gerne mit einem triumphierenden Signal unterhalten, aber seine zerbrochenen Töne erinnerten mehr an unseren alten Freund Punchinello.
Es muß irgend etwas Verjüngendes in der kontinentalen Luft liegen, denn ich bin schon zweimal mit »Mademoiselle« angeredet worden. Ich kann kaum glauben, daß ich über vierzig und Mutter einer verheirateten Tochter bin. Lüttich ist eine hübsche Stadt, die Bevölkerung spricht französisch, der Marktplatz ist sehr groß und gut beschickt; ich kaufte einen Korb voll Erdbeeren und Kirschen und zahlte den doppelten Preis, aber das Mädchen sah so reizend aus und schmeichelte mir so sehr mit ihrem »Chère Madame«.

V. N.

Tirlemont um Mitternacht, Saintrond um halb eins nachts. Stiegen in ein Cabriolet um.
Den ganzen Weg bis Tongres strömender Regen. Dienstag morgens um halb sechs Frühstück. Hübscher Kirchturm bis zur Uhr. Die Spitze ist offenbar eine vorläufige Zutat, nachdem irgendein Unglück die ursprüngliche zerstört hat. Die Schönheit des Turmes ist arg beeinträchtigt durch den Verlust des Maßwerks in den großen Öffnungen der Glockenkammer, die nun einfach mit Ziegeln zugemauert sind, was sehr armselig und schäbig aussieht. Nur 1½ frs. für unser beider Frühstück – ausgezeichneter Kaffee und eine Menge guten Brotes, Milch usw.

Nachdem wir die Diligence gewechselt hatten, verließen wir Tongres um ein Viertel vor sechs. Anhaltender Regen. Straße uninteressant bis zur Ankunft in Lüttich um halb acht, aber die Fahrt den steilen Hügel über der Stadt hinab entschädigte uns für die Langweiligkeit der durchreisten Landschaft, denn er bietet eine der weitesten, mannigfaltigsten und schönsten Aussichten, die wir seit Cassel genossen haben. Die Steilheit und Großartigkeit erinnerte mich an die reizende Szenerie von Fairlight Glen bei Hastings.

Weitere Beweise für die allgemeine Leidenschaft für Blumen, die den Geschmack des Volkes auszeichnet. Die Läden sind mit großen Sträußen geschmückt, die frisch gepflückt scheinen. Schöner Marktplatz. Schöne, blanke Bronzekannen für Milch ... Bronzegefäße wie die etruskischen Vasen. Gretry wurde hier geboren[8]. Außerordentlich große Zahl von Billardtischen. Die Flußufer sehr geschmackvoll als Gärten angelegt.

Die Kathedrale in der unteren Stadt furchtbar häßlich, aber St. Martin im höchstgelegenen Stadtteil ein gutes Beispiel gotischen Stils, wie eine Kathedralkirche mit Querschiff usw. Der Hochaltar ist reich und am Ostende sind ein paar gute farbige Glasfenster. Eine Madonna mit Kind in der Mitte der Kirche prächtig gekleidet und wo in unseren englischen Kathedralen die Orgelwand ist, stehen schöne Statuen von Päpsten in ihren Pontifikalgewändern und anderen Heiligen usw. Am Westende ist der Chor mit einer sehr großen Orgel in schönem Gehäuse.

Alles in allem eine sehr schöne, alte Kirche, aber sie scheint während der Revolution sehr gelitten zu haben und ist nun in einem Zustand des Verfalls.

Wenn ich hätte Zeit erübrigen können, hätte ich die Tasten der Orgel versucht um zu sehen, was für ein Instrument sie ist, aber ich mußte zur Diligence zurückeilen, die um 10 Uhr abfahren wollte.
Einen weiteren Beweis für die Liebe der Lütticher für Pflanzen gab mir das Hauptschiff dieser Kirche, das mit Orangenbäumen und anderen Sträuchern in großen Kisten geschmückt ist.
Verließen Lüttich um 10 Uhr. Die Umgebung ist sehr malerisch und die vielen Hügel, die die Stadt umgeben, bilden . . . (*unvollendet*).
Kamen in Anze (!) um 1 Uhr an. Eigenartiger, alter Ort mit alter, aber unschöner Kirche. Manche Häuser hätten dem Stift Prouts [9] einen guten Gegenstand geliefert. Viele Vögel in Käfigen, namentlich Lerchen. Schöne Bronzewaren – eigenartige Formen von Holzschuhen oder Sabots. Dicke Bettler, sehr lästig.
Vier sehr schöne weiße und stahlgraue Pferde, just wie Wouvermans sie so gerne malte. Am Fuß eines Hügels wurde noch ein fünftes Pferd eingespannt, das wie eine Nachbildung des prächtigen Tieres auf Cuyps Bildnis eines aufsitzenden Kavaliers aussah.
Ich bin bisher noch kein einziges Mal dem Hang zum mehrstimmigen Singen begegnet, der so charakteristisch für das Volk auf dem Kontinent sein soll.
Sehr angenehme Straße mit schönen und weiten Ausblicken, die uns sehr an englische Landschaften erinnerten.
Douane belge (Zollhaus), 3 Uhr. Der Beamte fragte lediglich, ob wir etwas zu deklarieren hätten, und da wir verneinten, sah er unser Gepäck gar nicht an. Mary kaufte (über sein Verlangen) zwei Flaschen Kölnischwasser von ihm zum Lohne für seine Höflichkeit.

Kamen in Aachen um 5 Uhr nachmittags an. St. Paul (gegenüber der Königlichen Post) schöner Raum.
Der Ton der Orgel ist gut, aber in den höheren Registern dünn und quiekend und das ganze Werk, wie gewöhnlich, macht- und kraftlos. Das letzte Nachspiel hielt sich an den verzierten, munteren Opernstil, der auf dem Kontinent so sehr im Gebrauch und dem wirklichen Orgelstil so völlig entgegengesetzt ist.
Kathedrale an der Ostseite sehr schön, der Kölner Kathedrale ähnlich. Die Westseite sehr schlecht – offensichtlich eine moderne Zutat im übelsten griechischen Geschmack. Der obere Teil der Ostseite ist neuartig und macht den Eindruck großer Leichtigkeit, die Seitenwände sind Glasfenster, die von Strebepfeilern gestützt sind, so daß der Bau überhaupt keine Mauern zu haben scheint.
Wie der Turm in Antwerpen durch angebaute, schlechte Häuser entstellt.
Nahmen Kaffee im Hotel de Tourelle in der Nähe des Postamtes. Kaltes Geflügel und guten Bordeaux (hohe Preise, 1 Thaler 30 Groschen).

M. N.

In Aachen, bei St. Paulus, gibt es einige gute geschnitzte Figuren und eine sehr gute Kopie der Kreuzabnahme von Rubens. Die Außenseite der Kathedrale ist durch Reparaturen in Ziegel und Mörtel sehr entstellt, was aber vom Turm unberührt geblieben ist, ist gut. Am »Platz« steht ein schöner Brunnen, oder eigentlich drei, der Hauptbrunnen mit einer Figur Karls des Großen, die von den Franzosen entführt worden war, offenbar trotz und nicht wegen ihrer Qualität, die sehr mittel-

mäßig ist. Das Rathaus ist gut, vielleicht ein Überrest von Karls des Großen Palast.
Fuhren um 8 Uhr abends in einer elenden Chaise fort, die »Extrapost« genannt wird. Es war trotzdem eine Erleichterung, denn in der Diligence waren ein paar greuliche Menschen mit Hunden und Vögeln. Ein Mitreisender, der mich vor zwei Jahren beim Nachtessen in Heidelberg gesehen hatte, erkannte mich wieder (das heißt doch wohl etwas für eine Dame in mittleren Jahren, eine solche Sensation zu erregen).
Mittwoch, 1. Juli. Kamen in Köln um 5 Uhr morgens an, gingen in unserem Hotel (de Vienne) um halb sechs zu Bett und schliefen bis halb neun.

M. N. KÖLN, 1.–2. JULI

Im Hotel de Vienne in Köln waren wir gut untergebracht und von einem gutmütigen Kellner gut bedient. Ausgezeichneter Wein, besonders Hochheimer. Gingen in den Dom. Die Schönheit des Chors ergriff mich wie je, aber alles Übrige scheint einem schnellen Verfall entgegenzugehen. Man arbeitet an der Fassade, aber sie wird nie in ihrer beabsichtigten Pracht hergestellt werden, die sie zum schönsten gotischen Dom der Welt machen würde. Weder die Orgel noch die Glocken gehört.
Wir fanden uns in den verwirrenden Straßen Kölns wunderbar zurecht und besuchten unseren Bankier in einer engen Gasse voller Lagerhäuser, die an unsere Thames Street erinnert. In der Tat sind viele fremde Bankiers zugleich Kaufleute, dieser ein Weinhändler, unser Bankier in München ein Tabakhändler.

V. N.

St. Peterskirche in der Cäcilienstraße, reizender, stiller Kreuzgang und schöner Garten. Das Gemälde der Kreuzigung St. Peters mit dem Kopf abwärts ist eine der besten Schöpfungen von Rubens. St. Peters Kopf ist sehr ausdrucksvoll, was man am besten sieht, wenn man ihn unter einem Pult betrachtet, das der Sakristan bringt – ein wunderlicher, schmutziger, kleiner Kerl – er sollte für Besucher eine gedruckte Beschreibung haben. Alle fünf Henker sind gut, besonders der eine, der den Arm St. Peters hebt – und der andere, der die Nägel in die Füße des Märtyrers hämmert – Kopf und Gesicht dieses Henkers scheinen nach demselben Modell gemalt zu sein wie der alte Mann in der Kreuzabnahme, der über die Spitze des Kreuzes blickt und das Tuch mit Mund und Zähnen hält.

Komposition, Gruppierung, Energie, Farbe, Ausdruck sind von höchstem Rang und wenn Köln nichts besäße als dieses exquisite und meisterhafte Werk, dann wäre es allein darum eines Besuches wert.

Je mehr ich von Rubens sehe, je höher schätze ich die außerordentliche Energie und Universalität seines Genies – niemand kann eine richtige Vorstellung von seiner großen Überlegenheit haben, der nur nach den Gemälden urteilt, die in England zu finden sind.

Als der Dom noch vollständig war[10], muß er eines der prächtigsten Beispiele gotischer Architektur in der Welt gewesen sein. Der Chor an der Ostseite, sowohl außen wie innen, ist das schönste Erzeugnis verzierter Gotik, das ich je gesehen, das Maßwerk ist außerordentlich und geschmackvoll, die Formen und Verhältnisse der Fen-

ster und der Schwibbogen sehr graziös – die gemalten Glasfenster sind in leuchtenden, tiefen und reichen Farben gehalten, besonders in der kleinen Kapelle, worin die Gebeine der heiligen drei Könige liegen sollen, die nach der Anbetung der Wiege von Bethlehem bis Köln gewandert, hier gestorben und begraben worden sind.
An der Westseite stehen nur noch die Ruinen eines Turmes – aber diese Ruinen sind so großartig und wunderbar, daß man nicht weiß, ob man bewundern soll, was übrig oder beklagen soll, was zerstört ist. Die meisterhafte Ansicht von Köln von Stanfield [11] (die selbst eines Turner würdig wäre) wird euch eine gute Vorstellung von dem allgemeinen Aussehen dieser schönen alten Stadt geben – aber ihr solltet den Dom an Ort und Stelle sehen, um den eigentümlichen Reiz dieser Mischung von vollkommener Schönheit und trauriger Verstümmelung zu erfahren.
Ich sähe gerne ein Gemälde oder einen Stich dieses herrlichen Gebäudes in seiner vollendeten Gestalt, indess würde ich mich mit einer Zeichnung von Prout oder einem Stich von Le Keux [12] begnügen.
Furchtbar entstellt durch die namentlich an der Südseite angebauten Häuser – wie schön, wenn es vollständig wiederhergestellt werden könnte (statt es im Innern mit einer niedrigen hölzernen Decke auszuflicken) und wenn ein großer, freier Platz davor sich nach dem Rhein öffnete.
Das würde sicherlich viel Zeit fordern und so viel kosten wie die Unform in Pimlico, die man den Neuen Palast [13] nennt, aber Köln wäre den Aufwand an Zeit, Mühe und Mitteln wert.
Einige Fenster erinnerten mich an die Fenster des Mit-

telschiffs des Münsters von York. Und andere waren den zartgetönten, schmalen Fenstern im nördlichen Querarm des Münsters ähnlich, die als »die fünf Schwestern« bekannt sind.
Es tut mir leid hinzufügen zu müssen, daß die Musik sich in einem vollkommenen Stillstand oder Rückschritt befindet. Ich konnte nichts entdecken, was auffallend oder beachtenswert gewesen wäre.
Die berühmte Glocke, oder was so genannt wird, behielt ihre Schönheit für sich. Ich vermute, daß sie repariert wurde oder daß das Uhrwerk, womit sie verbunden ist, verdorben war, denn all die Zeit, die ich hier war, schlug sie nicht ein einziges Mal. Das tut mir leid, denn ich hätte gern die Rivalin unserer Bow Bell [14] gehört.
Melodie, die der Postillon in Köln auf der Trompete bläst:

Sehr schönes Wetter in Köln, der Tag war, was Rousseau »un jour des dames« nennt, weder schwül noch windig noch naß, so daß eine Dame ausgehen kann, ohne von einem von den dreien belästigt zu werden.
Die Treppe in unserer Herberge sehr merkwürdig, von der Art eines Korkenziehers; erinnert mich an die runde Treppe in Rembrandts Bildnis des alten Philosophen oder in Ostades Bild einer alten Frau, die, mit einem grellen Licht in der Hand, die Treppe herabkommt.

Die Reise rheinaufwärts

V. N. KÖLN–MANNHEIM, 2. BIS 4. JULI

Donnerstag, 2. Juli. Verließen Köln um 6 Uhr morgens mit dem Dampfschiff rheinaufwärts.
Kamen nach einer ruhigen Reise von fünf Stunden und einigen Regenschauern um 11 Uhr in Bonn an. Obwohl das Wetter nicht sehr günstig war, war die Reise schön und angenehm. Die Ufer des mächtigen Flusses waren bisher flacher als ich erwartet hatte, aber wir nähern uns dem Siebengebirge und der Anblick verspricht, malerischer und interessanter zu werden.
Der Aufenthalt war so kurz (nur 10 Minuten, um Reisende aufzunehmen), daß ich keine Gelegenheit hatte, ans Land zu gehen, sonst hätte ich dem Hause Herrn Simrocks[15] gerne einen Besuch abgestattet, der (so sagt man) ein so großer und begeisterter Verehrer Mozarts ist, daß er jedesmal den Hut zieht, wenn Mozarts Name genannt wird. Es hätte mir auch großes Vergnügen gemacht, meinen Freund Ries[16] zu besuchen, aber sein Bruder hatte mir vor meiner Abreise in London gesagt, daß Herr Ries beruflich nach Aachen gereist sei. Dieser sehr begabte Musiker und schätzenswerte Mensch hat sich hierher zurückgezogen, nachdem er durch seine berufliche Tätigkeit in England ein ansehnliches und wohlverdientes Vermögen erworben hat.

M. N.

Das »Dampfschiff« rechtfertigte seinen Namen, denn wir wurden von einem wilden Regensturm überfallen, der alle durchnäßte, die nicht rechtzeitig in der Kajüte Zuflucht gefunden hatten. Wir kamen gerade am »Drachenfels« vorbei und es war quälend, seine Schönheit durch ein rundes Loch wie im Panorama und einen Nebelschleier angucken zu müssen. Der gute Papa blieb wacker auf dem Deck, hatte glücklicherweise eine Decke und seinen Regenschirm, und das war schließlich ganz nach seinem Sinn und kein Element, am wenigsten ein stürmisches, hätte ihn davon abbringen können. Die Kajüte war voll – eine sechsköpfige irische Familie auf der Suche nach dem Malerischen war sehr höflich, wenn man bedenkt, daß sie zwei Wagen an Bord hatten. Sie waren sehr bescheiden, aber es muß gesagt sein, daß die Natur sehr knauserig mit ihnen gewesen ist, denn es war wenig Verstand in der ganzen Gesellschaft. Sie schienen gutmütig zu sein, aber alle ihre Gespräche, ob es sich nun um die Orte, die sie besucht hatten oder um den künftigen Reiseweg handelte, drehten sich um die Gasthöfe – der einzige Zweck ihrer Reise schien die Feststellung zu sein, wo man am besten absteigen könnte, und ihre Tagebücher verzeichneten lediglich den »Lion d'or«, den »Cerf blanc«, den »Coq rouge« usw. usw. Eine Amsterdamer Jüdin, die Whitechapelenglisch sprach, war in ihren Augen ein bewundernswerter Cicerone; sie kannte die Schweiz, wohin die Iren strebten, und lieferte ihnen eine lange Liste von Reisebüchern, Gasthöfen, Preisen usw. Nicht einer in der Gesellschaft redete eine andere als seine Muttersprache, den älteren Sohn ausgenommen,

aber sein Französisch war sehr englisch und sein Deutsch fast so schlecht wie das meinige.
Ein englischer General von einfachem Auftreten und großer Weltkenntnis hatte den Scharfblick, sich an Vincenzio [17] zu heften; den größten Teil des Tages waren sie in ein Gespräch über Italien vertieft, wo dieser Gentleman einige Jahre verbracht hatte.
Nach all meiner Voreingenommenheit, die Amerikaner seien lästige Schwätzer, war ich erstaunt, einem Mann zu begegnen, der äußerlich dem Porträt des jungen Pinto [18] glich, eine sanfte und fast weibliche, leise Stimme hatte, dessen Betragen und Konversation kultiviert, ungezwungen und gebildet waren.
Ein alter militärischer Roué aus dem Schwesterreich (Irland), mit rotem Gesicht, unerschütterlichem irischen Dialekt und von maßloser Unverschämtheit, einige Deutsche mit Frauen und Kindern, ein netter, aber sehr gewöhnlicher junger Mann, der uns Engländer immerzu musterte – er war eben von einem Besuch aus England zurückgekehrt – das war unsere Gesellschaft bis zur Ankunft in Koblenz, wo wir die Nacht verbringen sollten. Welche Verwirrung, uns in die verschiedenen Hotels zu verteilen! Das Zimmer in den »Trois Suisses« gefiel uns nicht, wir gingen zur »Post«, aber dort war nichts frei und der Träger führte uns zur »Cour du Rhin«. Dort fanden wir unseren irischen Roué sehr aufgebracht. Er beschwor uns, in dem Zimmer neben dem seinigen zu schlafen, denn er mochte die Hausleute nicht leiden, sie seien Erpresser, pöbelhaft usw. usw. Wenn wir mitten im Schwarzwald oder in der Wildnis Calabriens gewesen wären, hätte er nicht aufgeregter sein können. Ich glaube ernsthaft, wenn ihm jemand im Scherz mit einer

Wurst aufgelauert hätte, wäre er tot auf der Stelle geblieben. Aus eitel Mitleid folgte ich ihm in das Zimmer, das er mir zugedacht hatte, aber da es auf den Garten hinausging, konnte ich mein Mitleid nicht so weit treiben, es gegen das Zimmer auszutauschen, das uns der Kellner gezeigt hatte und das dem Ehrenbreitsteiner Tal gegenüber lag. Ich sagte ihm ganz naiv, ich dächte nicht, daß irgendein Anlaß zu Befürchtungen vorliege. »Nicht gerade zu Befürchtungen, aber mir gefällt das Haus nicht, und ich wollte, Sie wären in meiner Nähe.« Nun, dieser Mann sah sehr nach einem Raufbold, Gauner und Glücksritter aus, obwohl seine Häßlichkeit und Verkommenheit ihm nicht sehr förderlich sein können, es wäre denn, daß er, wie Sir Ulic Macshane [19], alten Jungfern mit Schoßhunden den Hof macht; er war unterwegs nach Ems, ohne Zweifel, um an diesem Badeort der Faulenzer seine Börse und seine Gesundheit wiederherzustellen.

Als wir uns seiner entledigt hatten, denn er kam ein zweites Mal, genossen wir die schöne Aussicht aus unserem Zimmer über den Rhein. Der Sonnenuntergang war schön und die Dämmerung dauerte bis fast 10 Uhr – die große Festung im Zwielicht schien doppelt furchterregend. Eines nach dem anderen, kündigten die flackernden Lichter von der Brücke und aus den gegenüberliegenden Häusern das herabsinkende Dunkel der Nacht an, die Stimmen vom Fluß und seinen Ufern wurden schwächer und überließen die erhabene Landschaft der Einsamkeit und köstlichen Ruhe. Hätten wir nicht am nächsten Morgen um 4 Uhr aufstehen müssen, wären wir noch stundenlang am Fenster geblieben, aber wir ließen es offen, so daß, wenn immer wir aufwachten, wir die herrliche Landschaft sehen konnten. Deutschland ist das einzige Land, wo man den Sonnenaufgang sehen kann, denn man kann nach 3 Uhr nicht mehr recht schlafen, so viel Bewegung ist unter den Leuten im Gasthaus und in der Stadt.

V. N. FREITAG, 3. JULI.

Standen um halbfünf auf und machten einen Rundgang durch die Stadt. Eigenartiger Brunnen mit Inschrift, errichtet 1814 zur Erinnerung an den Krieg mit den Russen. Schöner Morgen. Fahren um 6 Uhr mit dem Schiff ab. Stolzenfels ist eine besonders schöne Ruine. Große Festung, von den Franzosen gesprengt, von Prinz Friedrich[20] wieder hergestellt. Echo. Sehr schön, obzwar restauriert.

M. N.

Die Flußlandschaft übertraf heute selbst die gestrige. Stolzenfels ist wunderbar; ein junger Engländer kam hier an Bord, der der Begleiter des jungen Amerikaners gewesen war und ihn nun auf einer Fußwanderung durch die Schweiz begleiten sollte. Er war in diesem kleinen Dorf geblieben und in den Bergen umhergewandert und belustigte uns mit seinen Geschichten und seiner kühlen Art zu erzählen, wie er um Haaresbreite etlichen Gefahren der Berge und des Flusses entkommen war. Ich habe seit den Geschichten von Leigh Hunt nicht so herzlich gelacht, obzwar er ihm sonst gar nicht ähnlich war. Eine Geschichte handelte von einem Boot, das auf der Themse kenterte. Sein junger Begleiter und er schwammen ans Ufer, aber ein alter Herr und sein Gepäck, die auch im Boot gewesen waren, gingen unter. »Ich begann, mir Sorgen zu machen«, sagte er, »als ich den alten Mann in der Strömung treiben sah. Wir fischten ihn also heraus und hingen ihn zum Trocknen an eine Leine, denn wir dachten, daß es mit ihm zu Ende war. Es dauerte lange, ehe er zu sich kam.« Die Sonderbarkeit, einen alten Gentleman zum Trocknen an eine Leine zu hängen wie nasse Wäsche, kitzelte meine Phantasie, und ich lachte laut heraus. »Es war ein unangenehmes Geschäft«, fügte er hinzu, »denn ich wollte nicht, daß die Zeitungen darüber schreiben, es hätte sonderbar ausgesehen«. Nach einer so knappen Rettung schien das seine einzige Befürchtung oder Überlegung zu sein.

Etwas später wurde unsere Reisegesellschaft um zwei englische Familien vermehrt – die eine war eine widerliche Sippschaft mit abscheulich niedrigen Stirnen und brutalem Kinn, die Männer mit mürrischen Stimmen, die Mädchen schnippisch. Gott sei's gedankt, sie blieben die ganze Zeit über in ihrem Wagen auf dem Deck und wollten sich sogar das Mittagessen bringen lassen. Ich wünschte, man hätte ihnen ihren Wunsch erfüllt, denn sie kamen uns gegenüber zu sitzen und verdarben mit ihren brutalen Mienen und Manieren Vincents ganzes Mittagessen. Was konnten diese Leute ursprünglich gewesen sein? Vin glaubt, daß sie plötzlich zu Geld gekommen sein müssen und nun auf Reisen gehen, um Weltläufigkeit zu erwerben. Es war aber sonderbar, am Vorderteil des Schiffes eingeschlossen zu sein, wo sie nichts sehen konnten als Köche, Küchenjungen, Matrosen und ähnliche Dinge mehr.

Im Gegensatz zu dieser war die andere englische Gesellschaft mit 40-pferdiger Anstrengung auf guten Geschmack, auf »les belles lettres« und »les arts« aus. Der Papa schien ein vernünftiger, schläfriger, alter Gentleman zu sein, aber Mama war sehr unterhaltend, eine kleine Person, die ewig irgendjemanden um Auskunft bedrängte. Sie kamen aufs Schiff, beladen mit Mänteln, Ferngläsern, Teleskopen, Alben, den Werken von Walter Scott, Byron und T. Moore (Galignanis Ausgabe), um zu zeigen, daß sie in Paris gewesen[21], und daß die Sprößlinge auch nicht einen Augenblick verlieren durften, um zwischendurch sich mit diesen Autoren bekanntzumachen. Auch mußte das Fräulein jede vorbeiziehende Landschaft in ihr Album skizzieren. Das erste, was ich von der guten, geschäftigen, kleinen Dame ein paar Minuten nach ihrem Eintreffen hörte, war: »Komm schnell her, Karoline, hier ist eine Schweizer Dame, die sehr gut französisch spricht, sie wird dir alles darüber sagen.« Nach ihrem Gehaben hätte man glauben können, das Leben eines von Krämpfen Befallenen hinge davon ab. Dennoch, arme Frau, waren ihre vier Kinder körperlich und geistig die schwächlichsten Geschöpfe, die man sich denken kann.

Im Gegensatz zu diesen phantastischen Engländern war bei Tische eine Gesellschaft von Deutschen, die über dem Wein sehr heiter wurden, obwohl sie einander vorher nicht begegnet waren, mit den Gläsern anstießen, Flasche um Flasche Rheinweins tranken, kuriose Geschichten erzählten und ihr Tischende in dröhnendes Gelächter versetzten. Sie würden etliche Rheinwein-Lieder gesungen haben, aber ich glaube, daß die ernsten Gesichter der Engländer die Dünste ihres Weines verscheuchten, und nach dem einen oder anderen Versuch standen sie von fernerem Singen ab; aber ihre Harmonie war

vollkommen bis sie sich trennten, und als das Schiff dann ein paar von ihnen fortführte, schrieen sie und schwenkten brav die Kappen.
Von Mainz nach Mannheim reisten wir in Gesellschaft des jungen Deutschen, der sich als angenehmer Mitreisender erwies. Er war aus Weimar, wo Goethe und Hummel[22] leben.

V. N.

Sonnabend, (4.) Juli. Verließen Mainz um halb acht Uhr in einer Art von Mietwagen, wie ein Cabriolet, aber größer und bequemer. Ein sehr manierlicher deutscher Herr, der mit demselben Dampfboot von Köln bis Mainz mitgereist war, war unser Reisegenosse. Er sprach sehr fließend französisch, kannte England und war überhaupt ein wohlinformierter, angenehmer Mensch. Im Laufe unserer Unterhaltung sagte er mir, daß er Goethe und Hummel kenne und fügte hinzu, daß ich Hummel sehr ähnlich sähe (was mir sehr erfreulich zu hören war). Ein anderer Deutscher (der mit uns fuhr) kehrte an seinen Geburtsort zurück, nachdem er 36 Jahre in England gelebt hatte.
Im Gasthof »Der Römer« in Worms, wo wir nach sehr angenehmer Fahrt in einem verglasten Wagen um halb eins eintrafen, hängt ein Stich von Boydell von 1765 nach Salvator Rosas »Jason« – das Original befand sich früher in der Sammlung des Earl of Bessborough. Besichtigten den Dom – im sächsischen (romanischen) Stil, schöner, runder Turm – Zutaten in gotischem Stil unvereinbar.
Liebfrauenmilch, ein Wein, der seinen Namen von einem

Vincent Novello

früheren benachbarten Kloster herleitet, das der hl. Jungfrau gewidmet war.
Trafen um halb sechs Uhr in Mannheim ein. Hotel Pfälzerhof (?), Geburtsort John Cramers.[23]

V. N. MANNHEIM, 4.–6. JULI

Sehr schöner Ort, angenehmer Promenadenweg mit Bäumen zu beiden Seiten. Sehr großes Schloß; der Flügel, worin früher das Theater war, brannte leider ab, als der Ort von Custine bombardiert wurde[24] – er ist nie wieder hergestellt worden und liegt nun vollständig in Trümmern.
Das Schloß selbst sieht vernachlässigt aus, aber die Gärten sind ausgedehnt und schön angelegt. Wir gingen darin am Abend eine Stunde lang spazieren und wanderten einen großen Hügel entlang, der hier zum Schutze gegen den Rhein aufgeschüttet worden ist, da der Fluß gelegentlich über die Ufer tritt und beträchtlichen Schaden anrichtet. Die Aussicht vom Flußufer ist an diesem Punkt besonders schön, namentlich gegen Heidelberg hin – auf einer Berghöhe, zwölf Meilen entfernt, stehen die Überreste eines römischen Wachturmes[25] – und auf der gegenüberliegenden Talseite kann man das Schloß von Heidelberg deutlich erkennen. Auf dem Rückweg von dem höchst genußreichen, kleinen Spaziergang sahen wir das Observatorium, das Arsenal und das Rathaus, alle architektonisch sehr schön. In der Tat scheint die ganze Stadt sehr schön gebaut zu sein. Die Straßen sind rechtwinklig angelegt und teilen die Stadt in kleine Bezirke, die alle mit Buchstaben und Ziffern bezeichnet

sind, so daß die Polizei mit der größten Leichtigkeit jeden Bezirk angeben kann.
Hörte Rossinis Ouvertüre zum »Barbier von Sevilla« am Klavier mit Cellobegleitung – und die Einleitungsnummer aus derselben Oper. Cellospieler schlecht – aber das Klavier gut – brillante Finger und genau im Zeitmaß. Ich hätte lieber etwas von ihrem berühmten Landsmann John Cramer gehört, aber gute[26] Musik scheint hier auf einem eben so niedrigen Stande zu sein wie überall sonst auf dem Kontinent, soweit ich das bisher beurteilen kann. Der Ton des Klaviers war dünn und blechern und viel schlechter als ich es von Broadwood und anderen ausgezeichneten Londoner Klaviermachern gewöhnt bin.
In den Straßen Mannheims sieht man Hüte, wie sie Pippo in der »Gazza ladra« trägt.
Sonntag, 5. Juli. Wir gingen in die Hauptkirche (früher den Jesuiten gehörig, deren Orden jetzt unterdrückt ist), um die Hohe Messe zu hören, die um 9 Uhr begann. Es war kein Orchester da und die Musik bestand lediglich aus einer Art Choral, aber nicht gregorianisch. Es wurde nur von Männerstimmen unisono mit Orgelbegleitung gesungen, auch die gregorianischen Responsorien. Die leisen Register klangen glatt und angenehm und das volle Werk, obwohl nicht frei von der bei kontinentalen Orgeln üblichen Schärfe und Unebenheit des Tones, hatte Größe und Kraft, besonders die Pedalpfeifen der hinteren Chororgel. Die Organisten scheinen keine Ahnung zu haben, wie man mannigfaltige Wirkungen erzielen kann, indem man Register einführt, die in Stärke und Qualität des Tones voneinander verschieden sind. Sie benutzen dieselben Extreme von Leise und Laut den

ganzen Gottesdienst hindurch und scheinen Lärm jedem anderen Effekt vorzuziehen.
Der Organist war der ruhigste Spieler, den ich bisher gehört habe – freilich konnte auch er sich bei der Begleitung des Amen einige unnötige und unsinnige Verzierungen nicht versagen, die für die Orgel völlig ungeeignet waren und die würdige, ernste Feierlichkeit störten, die den wahren Kirchenstil auszeichnen sollte. Seine Modulationen ragen durch keinerlei Erfindung hervor – er verwendet den verminderten Septakkord zu häufig. Der musikalische Teil des Gottesdienstes war bemerkenswert kurz, und in nicht viel mehr als einer halben Stunde war alles vorüber.
Der lutherische Gottesdienst begann um 2 Uhr – ich kam eben zurecht, um einen schönen alten Choral zu hören, der ebenmäßig gesungen und sorgfältig auf der Orgel begleitet war, einem wohltönenden Instrument, das mich an unser Lieblingsinstrument in der Savoy Chapel erinnerte[27]. Die von dem Organisten verwendeten Harmonien waren solid und musikalisch, und es war im Ganzen eine achtbare Darbietung.
Ich blieb aus Neugierde, um die Predigt zu hören. Der Prediger schien die Sache ernst zu nehmen und die Belehrung der Kongregation schien ihm mehr angelegen zu sein als die Übung seiner eigenen Beredsamkeit (eine seltene Erscheinung bei Pfarrern). Der Organist, der, den Kopf auf die Hand gestützt, sich über die Orgelbrüstung beugte, sah intelligent aus und ähnelte dem berühmten Wölfel, mit dem ich, in Begleitung M. Clementis, einen angenehmen Abend bei Sam Wesley verbracht habe[28]. Ich bedauerte aber feststellen zu müssen, daß er ein fauler Mensch war, denn als die Leute die

Kirche verließen, spielte er nur ein paar Akkorde, die wie unbeabsichtigt klangen, statt uns eine gute Fuge von J. S. Bach hören zu lassen, wie ich erwartet hatte.
Der Nachmittags-Gottesdienst bei den Jesuiten begann um 3 Uhr. Er ist völlig verschieden von unserer Vesper. Er begann mit einer Hymne im selben Stil wie vormittags, dann folgte eine lange Predigt, von der die Kongregation ebenso ermüdet zu sein schien wie ich, der den Vorteil hatte, nichts davon zu verstehen. Der Prediger war ein ganz gewissenloser Bursche, der fast eine Stunde lang in der gleichen dröhnenden Art fortfuhr. Zu meiner großen Erleichterung hörte er schließlich auf, als die loretanische Litanei begann. Sie wurde von einem Priester rezitiert und von der Kongregation, nicht vom Chor, beantwortet und war völlig unbegleitet. Nach einigen öden Gebeten, die den Leuten in meiner Nähe Gelegenheit zu einem Schläfchen zu geben schienen, folgte die Benediction. Die vom Chor (immer unisono) gesungene Melodie hatte eine gewisse Ähnlichkeit mit meinem Liebling, dem Pange lingua (die für meinen Geschmack die schönste gregorianische Hymne ist), doch stand sie diesem erlesenen Beispiel erhabener Einfachheit in Melodie, Modulation und Würde des Ausdrucks nach. Der Gottesdienst schloß mit derselben Hymne in G, die wir zu Beginn und Ende des Vormittags-Gottesdienstes gehört hatten. Der Organist schwelgte wieder in seinem lieben verminderten Septakkord und schien gar nicht zu wissen, welche mannigfaltigen Auflösungen dieser Akkord in den Händen eines gründlichen und geschulten Musikers erfahren kann.
Persönlich sieht er meinem lieben Ries so ähnlich, daß ich ihn leicht für seinen jüngeren Bruder hätte halten

können. Übrigens bemerkte ich am Morgen, daß die Pedale über eine Dezime von G bis H reichen. Er machte wenig Gebrauch davon, und während des ganzen Gottesdienstes hörte ich kein Fugato von ihm oder auch nur eine Imitation oder einen Kontrapunkt. Die Organisten hier scheinen in der Tat Sinekuren zu haben, soweit es sich um ihre eigenen Fähigkeiten im Extemporieren oder um Fugen und andere schwierige Stücke handelt – jeder englische protestantische Pfarrorganist hätte den Dienst, wie ich ihn am Vor- und Nachmittag gehört habe, leicht bewältigen können.
Ich sehne mich richtig, irgendetwas im Stile von Sebastian Bachs meisterhaften Choral-Vorspielen zu hören, bin aber bisher nicht dem geringsten Versuch begegnet, der dem soliden und großen Stil seiner Orgelstücke in die Nähe kommt.
Zwischen 11 und 12 Uhr hörte ich die Militärkapelle, die etwa eine halbe Stunde lang auf dem Platz vor dem Schloß spielte. Alle Instrumente waren gut gestimmt (eine seltene Sache bei Blasinstrumenten) und die Kapelle bestand aus guten Musikern, aber sie verschwendeten ihr Talent an billige Walzer, platte Kontertänze und gemeine Giguen im Sechsachteltakt. Da war kein einziges Stück von guter Komposition, das die Beachtung eines Musikers verdient hätte.
»Harmonie« stand an einem Haus. Ich fand, daß das ein Verein war, wo sich Leute nicht zum Musizieren zusammenfanden, sondern zum Essen, Trinken und Kartenspiel.
An der Table d'hôte im Gasthof »Niederstein« – Wein 3 Thaler – kamen wir mit einem Landsmann ins Gespräch, angenehmer Mensch, der französisch wie ein ge-

borener Franzose sprach. Er sagte, es mache ihm Spaß, sich unter den grämlichen Engländern gelegentlich als Franzose auszugeben.

Das Opernhaus ist ein ausgedehntes Gebäude, das die ganze Seite des Platzes gegenüber der Jesuitenkirche einnimmt. Die Säulenhalle wirkt ziemlich schwer, aber – dank dem Statuen- und Skulpturenschmuck – macht der Bau doch den Eindruck von Großartigkeit. Vier Sphinge erschienen mir als die bestgearbeiteten Figuren.

Am Abend gingen wir in die Oper, die um 6 Uhr begann. Man gab »Die Stumme von Portici« (oder, wie es in Drury Lane heißt, »Masaniello«).

Kein Klavier im Orchester; eine Person, die die Partitur vor sich hat, schlägt den Takt die ganze Oper hindurch. Alle Rezitative werden vom Orchester begleitet und nicht, wie in England, von Cello und Baß.

Die Ouvertüre begann mit einer Dissonanz und das wütende Blasen und Trommeln machte einen scheußlichen Lärm. Sie ist im zusammenhanglosen, abrupten, gewaltsamen, unnatürlichen französischen Stil geschrieben und nichts als ein Gemeinplatz von Lärmen und Wüten, die nichts bedeuten.

Die Oboe hatte einen dünnen Ton – armer Griesbach, nie wieder wird ein so vollkommener Meister dieses unangenehmen Instruments aufstehen wie Du[29]!

Der Klarinettist war ein geschickter und gefühlvoller Spieler – die instrumentalen Stücke sind besser als die vokalen, namentlich soweit sie dem stummen Mädchen angehören, obzwar zu sehr im Stile Rossinis.

Finale zum ersten Akt zu heftig und zu lärmend, das Krähen, Schreien, Kreischen und Krachen im Orchester war ohrenzerreißend, es war wirklich entsetzlich.

2. Akt. Lebhafter Chor der Lazzaroni in F. Masaniellos Arie in G teilweise geschmackvoll, aber zu tänzelnd.
Das Finale ist eine Verarbeitung von Masaniellos Arie, aber gleichförmig und zu oft wiederholt.
Der dritte Akt beginnt mit einem fröhlichen Chor in D – eine neapolitanische Straßenszene. Gute dramatische Wirkungen, aber alles in allem ist der Akt langweilig.
Der 4. Akt hebt mit der gleichen harten Dissonanz an wie die Ouvertüre. Die Szene ist zu sehr in die Länge gezogen und hat nicht die »zusammenhängende Süße«, von der Milton spricht.
Der letzte Teil dieser Szene (Masaniellos Wiegenlied »Du pauvre seul ami fidèle«) ist eine der besten Melodien des ganzen Stückes. Sie ist auch sehr gut instrumentiert und hat klug kontrastierende Stellen für Singstimme, Klarinette und Fagott. Gutes Rondo in B (Je sens qu'en sa présence) – die Stimmen gut gesetzt und der Kontrapunkt geistreich.
Das Finale besteht wieder aus Trompeten, Trommeln, Posaunenstößen und Zusammenschlagen von Becken, und den Melodien fehlt im Ganzen Feinheit, Süßigkeit und Ausdruck. Das Orchester ist durchaus zu heftig und zu laut, zwar gut im Rhythmus, aber roh in der Ausführung.
Der 5. Akt beginnt abermals mit einem Sechs-Achtel-Satz, deren es in der Oper zu viele gibt.
Die Darstellung des Vesuvausbruches war nicht wirkungsvoll und stand den guten Inszenierungen Astleys und anderer kleiner Bühnen in England nach.
Eintrittspreise: Logen im ersten Rang 1 fl. 20 Kr., im zweiten Rang 1fl., Parterre 48 Kr., Loge im vierten Rang 24, Galerie 18, Seitenbänke daselbst 12.
Eine gute Gesellschaft füllte das Parterre, aber es gibt

hier nicht die Möglichkeit, einen Platz im Voraus zu reservieren, wie in München, Wien und andernorts. Der Zuschauerraum ist überladen und sehr schlecht beleuchtet. Die Logen scheinen von den darüberliegenden Rängen erdrückt zu werden und ich glaube, daß der Klang sehr verdorben, wenn nicht gar erstickt werden muß, ehe er die Menschen darin erreicht.
Es ist eine sonderbare Gewohnheit, eine Kerze in jede Loge zu stellen, und es macht keine angenehme Wirkung.
Am Beginn der Oper wurde der Leuchter im Parterre in die Höhe gezogen, bis er unsichtbar war, so daß die Zuschauer in fast völliger Dunkelheit blieben. Ich vermute, daß man so dem Licht auf der Bühne größere Wirkung geben wollte.

V. N. MANNHEIM–HEIDELBERG–HEILBRONN, 6. JULI

Montag, 6. Juli. Verließen Mannheim um 7 Uhr morgens und trafen um ungefähr 9 Uhr nach einer höchst genußreichen Fahrt in Heidelberg ein. Die Straße führt zwischen bebauten Feldern hin und ist zu beiden Seiten mit Linden und Obstbäumen bepflanzt, manchmal tritt sie nahe an den Fluß heran und der Blick auf Heidelberg ist besonders schön.
Mußten im Hotel de Portugal auf die Diligence nach München warten.
Hörten in der Hauptkirche eine Totenmesse. Es war das schöne gregorianische Requiem, unisono mit Orgelbegleitung gesungen. Das Instrument, obwohl klein, hat einen sehr weichen Ton. Der Organist (ein unaffektierter Spieler) begleitete die Stimmen nur mit den beiden Diapasonen und dem Prinzipal, die sehr gut zusammen-

klangen, und spielte während der Elevation ein kleines Zwischenspiel lediglich mit dem Register-Diapason. Die Orgel besaß eine Vorrichtung, die den Bälgen eine tremolierende Bewegung verlieh. Das Register wird, glaube ich, »Tremulans« genannt, aber mir gefiel der Effekt nicht. Der Gesang wäre besser nur Männern überlassen worden, denn der Gesang der Knaben in der höheren Oktave war unangenehm. Der Kantor hatte eine mächtige und schöne Stimme und führte den Chor verläßlich, aber die Harmonisierung dieses guten Beispiels feierlichen gregorianischen Stils stand der englischen Ausgabe von Samuel Wesley weit nach.

Das Gebäude, worin das Requiem gesungen wurde, war nur ein Teil der ehemaligen Kirche; der westliche Teil und der Turm waren geschlossen und im Begriffe, in Trümmer zu fallen. Fast die ganze Kongregation bestand aus Frauen, unter 60 oder 70 Personen fanden sich kaum mehr als vier oder fünf Männer.

Nahe der Kirche steht ein Brunnen mit einer Kopie des Farneseschen Herkules.

Wir schlenderten durch die Stadt und am Fluß entlang, dessen Ufer und Umgebung besonders schön sind – der Blick wird von der Schloßruine abgeschlossen, die eine der größten, interessantesten und malerischsten ist, die ich je gesehen. Heidelberg ist überhaupt eine sehr eigenartige alte Stadt und überaus reizend gelegen. Leider gerieten wir in einen Regenschauer, als wir die Schönheit der Landschaft bewunderten, aber der Spaziergang war trotzdem sehr genußreich.

So schön auch der Spaziergang am Morgen war, der Weg rund um das Schloß und oberhalb des Schlosses ist noch schöner. Die Aussicht von einem bestimmten Punkt,

wo sehr passend ein Sitz angebracht ist, ist eine der schönsten, die ich je genossen. Die Schloßruine bildet den Vordergrund, tiefer im Bilde liegt die alte Stadt mit dem »Stadtring« und der Fluß, der »nach seinem eigenen Willen wandert« (Wordsworth). Zu beiden Seiten steigen die Hügel groß und prächtig an. Ihre Gipfel sind mit Bäumen und Büschen von schönen Formen und in allen Schattierungen von Grün bekleidet. Auf der Höhe rechter Hand steht ein alter, von den Römern erbauter Turm. Über die Schloßruine hinaus folgt der Blick den graziösen Windungen des Flusses und am fernen Horizont liegen Mannheim und andere Städte und die eleganten Formen der Berge, soweit das Auge reicht.
Ich wünschte, mein lieber Charles (Cowden Clarke), du wärest mit mir hier, um diesen erlesenen Anblick zu genießen, oder ich hätte die Gabe eines Turner, um dir eine würdige Skizze mitzubringen.
Wir verließen Heidelberg um 2 Uhr in einem Mietwagen – der Postillon erbot sich, uns für denselben Preis wie die Diligence (17 Thaler) nach Stuttgart zu fahren.
Die Straße am Neckar (der das gleichnamige Tal durchfließt) ist ganz reizend und bietet eine Folge von schönen Aussichten an beiden Ufern. Wir fuhren auf dem rechten, das vielleicht das schönere ist, und von großen Granitblöcken gebildet wird, in deren Spalten und Rissen schön belaubte Büsche nisten.
Etwa zwei Minuten von der Stadt kamen wir an einem besonders schönen Garten vorüber, worin ein Brunnen, wie in »Rimini« beschrieben, »sein Silber in der Sonne schüttelt«.[30] Wir konnten auch, im Park verstreut, mehrere Statuen sehen, die von kultiviertem und verfeinertem Geschmack zeugten.

Die Landschaft blieb weiterhin höchst romantisch und malerisch, und jede Windung des Flusses eröffnete den Blick auf einen neuen Gegenstand der Bewunderung. Ein Wagen scheint mir in solcher Landschaft ein viel zu schnelles Beförderungsmittel. Ich wünschte, ich wäre zu Fuß und könnte an den interessantesten Punkten verweilen, statt von ihnen fortgerissen zu werden. Wenige Dinge würden mir größere Befriedigung gewähren, als mit einem verständigen und herzlichen Freund durch dieses ganze Tal zu wandern. Am Abend hielten wir bei einem kleinen Gasthof, wo man nur deutsch sprach, um eine Flasche Landwein zu nehmen. Der Wein, der frisch von einem großen Faß zu kommen schien, wurde in einer eigenartigen Karaffe serviert, die wie eine Wasserflasche aussah, war aber köstlich. Auch das Brot war ausgezeichnet, und mit einer Schnitte Käse (sie hatten weder Fleisch noch Butter) hatten wir ein sehr einfaches aber erfrischendes Mahl. Das Ganze kostete bloß 36 Kreuzer und das Dienstmädchen schien ganz überrascht, als Mary ihm 6 Kreuzer anbot, die es zuerst nicht annehmen wollte.
Wir kamen um 11 Uhr in Heilbronn an und gingen zu Bett, nachdem wir eine kalte Bouillon und eine Flasche ausgezeichneten Rheinweins zu uns genommen hatten.

V. N. HEILBRONN-LUDWIGSBURG-STUTTGART, 7. JULI

Dienstag, 7. Juli. Verließen Heilbronn um halb acht. Am Morgen hörten wir einen sehr einfachen und melodiösen Choral, von einer kleinen Bläsergruppe gespielt, die, wie uns der Wirt nachher sagte, dem anstoßenden Kloster angehörte.

Die hiesige Kirche ist sehr schön und groß, das Maßwerk der Fenster bemerkenswert elegant.
Kamen in Ludwigsburg um 12 Uhr an, besuchten das Schloß und den Park (die ehemalige Residenz unserer königlichen Prinzessin, wie ich glaube), der sehr schön angelegt und frei zugänglich ist, mit Bänken und Tischen, Schaukeln, Schaukelpferden und anderen Vergnügungen. Im Hof steht ein Brunnen mit vier Bronzelöwen und das Schloß selbst ist ein schöner Bau, mit Statuen und Skulpturen geschmückt. Jommelli war sieben Jahre lang hier Maestro di capella, aber ich fand niemand, der von ihm oder seiner Musik etwas gewußt hätte. [31]
Der ganze Ort ist sehr hübsch, hat viele Anlagen und angenehme Spaziergänge unter den Lindenbäumen und sieht sehr sauber und vornehm aus.
Das einzige, was mir mißfiel, waren die vielen Soldaten, die zahlreicher zu sein schienen, als die Einwohner. Ich habe eine unbezwingliche Abneigung gegen diese äußeren Zeichen der Macht einiger bevorzugter Weniger, die so leicht mißbraucht und gegen die Freiheit, das Glück und die Interessen des Volkes gewendet werden kann.
Die sehr gute Straße nach Stuttgart, wo wir um 3 Uhr eintrafen (Hotel zum Mond), führt zwischen Hügeln hin, die von Weingärten und Feldern bedeckt sind. Die Stadt ist groß und gut gebaut, der Hof residiert hier.
Dem königlichen Schloß, zur linken Hand, wenn man die Stadt betritt, fehlt es nicht an Großartigkeit, aber die Wirkung wäre noch besser, wenn man die goldene (oder eher kaffeebraune, geschmacklose) Krone vom Haupteingang entfernen würde.
Die Residenz des Kronprinzen, etwas weiter weg zur Rechten, ist ein schöner, moderner, anspruchsloser Bau,

dem man es nicht ansehen würde, daß er einem Mitglied der königlichen Familie gehört.

Das alte Schloß, das der Hauptkirche benachbart ist, ist ein gutes Beispiel alter Architektur in diesem Lande. Es ist von Bäumen fast völlig umschlossen, was meiner Meinung nach immer die Schönheit und das Interesse eines Bauwerkes erhöht. Das Theater ist sehr groß und ich hätte es besucht, wenn es nicht geschlossen gewesen wäre, da die Truppe auf einer Reise begriffen war, was hier nichts Ungewöhnliches zu sein scheint.

Nahe am Stadteingang ist ein beachtlicher Konzertsaal, aber da keine Aufführung stattfand, konnte ich mir kein Urteil über den hiesigen musikalischen Geschmack und die allgemeine Haltung bilden.

Die Hauptkirche ist äußerlich nicht anziehend, aber die Fenster haben einiges gutes Maßwerk und über dem Südwestportal sind ein paar gute gotische Skulpturen. An dem Westturm unter der Uhr sind einige Jahreszahlen gemalt von 1530 bis 1804, die vermutlich die Daten von baulichen Veränderungen oder Zubauten darstellen. An der Nordseite ist außen eine gedeckte Stiege, wie an der Jerusalem Chamber in Westminster Abbey und der Eingang zum Crosby-Haus, der von Shakespeare in »Richard III.« erwähnt wird und immer noch in einem Hof bei Bishopsgate Church zu sehen ist, obwohl das Haus jetzt als Warenlager dient und irgendeinem Kaufmann in der City gehört.

Was mir in Stuttgart am eigenartigsten erschien, war der Südost-Turm der Kirche, dessen Spitze wie ein Wohnzimmer mit Fensterladen versehen ist, das Dach darüber hat eine Öffnung wie ein Dachzimmer und die Spitze selbst ist zu einer Art von Sommerhaus gestaltet. Am

Giebel entlang läuft ein Seil, das in großer Höhe von Turm zu Turm reicht, so daß der Herr, der im Ostturm wohnt, sich gelegentlich zum anderen Turm hinüberschwingen kann. Das ist eine der seltsamsten Wohnstätten, die ich je gesehen. Ich denke, sie muß für jedermann sehr unbequem sein, ausgenommen einen Seiltänzer.
Die königliche Bibliothek ist für das Publikum geöffnet, ebenso die naturhistorische Sammlung. Beide sind in benachbarten modernen Gebäuden von geschmackvoller Anlage und symmetrischer Form untergebracht.

M. N.

Am nächsten Tag hatten wir einen köstlichen Spaziergang in den öffentlichen Gärten, die, wie die Champs Elysées in Paris, voller Schaukeln und Ringelspiele sind, um Kinder und gewöhnliches Volk an einem Sonntag zu unterhalten. In Stuttgart sind nur die hohen Preise bemerkenswert.
Wir fuhren bis Ulm durch die schönste Landschaft. Der Dom hier ist sicherlich schön, aber nicht in gutem Zustand. Die Reisegesellschaft im Eilwagen war viel besser, obzwar wir unser fünf waren – ein gutmütiger, bigotter Royalist von der alten Schule und seine deutsche Frau, ein zweiter lebhafter Franzose, der unter Prinz Eugen Beauharnais gedient hatte, in Moskau gewesen und offenbar immer noch ein Napoleonist war; seit dem Tode seines geliebten Herrn, des Prinzen Eugen, hatte er aber geheiratet und sich in München niedergelassen. Er war sehr lustig und erzählte uns viele drollige Geschichten, im Gegensatz zu dem anderen Franzosen, der allerdings seine Geschichten auch gut zu erzählen ver-

stand, nur handelten sie gewöhnlich von der Ehre des regierenden Hauses und waren voll von Liebe und romantischen Abenteuern und eine »belle fille« spielte immer eine große Rolle darin, während der andere seinen etwas langweiligen Erzählungen eine burleske Wendung zu geben wußte. Der alte Herr versicherte mir mit ernster Miene, daß die Engländer nach Frankreich kommen müßten, um unsere Baumwollwaren und Kattune zu kaufen – sowohl wegen ihrer Billigkeit als auch wegen der besseren Qualität – sie alle scheinen zu glauben, daß wir weder Gemüse noch das gewöhnliche Obst haben. Ein anderer Kaufmann lachte über meine Unkenntnis, weil ich dachte, daß Baumwollwaren in England billiger seien als auf dem Kontinent und sagte, der Grund dafür sei offenbar, denn wir hätten eine hohe Steuer zu zahlen, die bei der Ausfuhr wegfalle. Es ist vergeblich, ihnen meine gegenteilige Erfahrung entgegenzuhalten, sie glauben es nicht und sind entschlossen, England in allen Dingen für das teuerste Land in der Welt zu erklären, und ihr Neid läßt sie nicht zugeben, daß England in allen Manufakturen überlegen ist – aber das ist das überwiegende Gefühl bei allen Handlungsreisenden und Kaufleuten. Bankiers und besser unterrichtete Leute sind gegen ihren Willen gezwungen, die Tatsachen zuzugestehen.

V. N.

Mittwoch, 8. Juli. Wir verließen Stuttgart mit der Diligence um 6 Uhr morgens. Das Wetter war sehr schön, und wir genossen die Fahrt durch Obstgärten, Kornfelder und über Hügel, die bis zum Gipfel mit unzähligen Weingärten bedeckt waren.

Geislingen, im Gebirge gelegen, scheint ein sehr romantischer Ort zu sein.

Ulmer Dom – schöner, alter Turm, der das Hauptportal an der Westseite bildet. Der Baumeister hat den Fehler vermieden, die runde Treppe so anzulegen, daß sie die Fenster zum Teil verschließt (was die Schönheit des Antwerpener Turmes so sehr beeinträchtigt). Das vorspringende Maßwerk am Turm verleiht ihm eine bemerkenswerte Leichtigkeit und Eleganz.

Die übrigen Portale sind durch sehr rohe, weiß getünchte Holzschnitzereien arg entstellt – Kreuzigung usw. Sie sind so schlecht ausgeführt und passen so schlecht zu den Steinskulpturen, daß es eine wahre Schande ist.

Der aus Ziegeln gebaute Chor und der Ostflügel, ebenso wie der größere Teil des übrigen Gebäudes macht von außen einen ärmlichen Eindruck und geht offenbar schnellem Verfall entgegen.

Donnerstag, 9. Juli. Kamen in Augsburg um 4 Uhr morgens an – Kirche mit Bildern und Marmorsäulen gut dekoriert – Hausfronten al fresco bemalt – Bronze-Brunnen, Merkur, Herkules, Nymphen – schöner Ort. Hohe Häuser, fünf Stockwerke – hervorragende Vorwürfe für Prout.

Die Straße von Augsburg nach München ist sehr flach und uninteressant und die letzten 20 Meilen begleitete uns ein heftiges Unwetter mit Donner und Blitz.

Mary Sabilla Novello

Wir kamen in München um halb zwei Uhr an und wählten den »Goldenen Hahn« zu unserem Hotel. Die Table d'hôte war vorüber, so daß wir das Mittagessen in unserem eigenen Zimmer nehmen mußten.
Auf der Galerie hatten sich drei wandernde Musikanten postiert, eine Frau, die Harfe, ein Mann, der Geige und ein zweiter, der Klarinette spielte. Dieser letztere hatte einen guten Ton und es schien ihm auch an Geschmack nicht zu fehlen, aber die Stücke, die sie spielten, waren von der gewöhnlichsten Art, Walzer, Quadrillen nach Rossini, Pacini und anderes ärmliches Zeug, woran nur kleine Schulmädchen Gefallen finden konnten. Die Wirkung wurde dadurch noch eintöniger, daß sie alle Stücke in der gleichen Tonart, nämlich in C spielten, mit Ausnahme eines Stückes, das aus G ging.
Um 5 Uhr ging ich in den Dom, aber der Gottesdienst bestand lediglich aus der Litanei, gefolgt von der Benediction ohne jeglichen Gesang oder Musik.
Das Äußere ist aus Ziegelwerk und die Formen zeichnen sich weder durch Schönheit noch Symmetrie aus, auch ist das Innere an Größe oder Pracht nicht bemerkenswert. Die Bilder scheinen mir mittelmäßig, mit Ausnahme der Madonna mit dem Kinde über dem Altar der ersten Kapelle links, wenn man durch das große Westportal eintritt.
Soweit ich es aus den Stimmen der Kongregation beurteilen kann, die dem Priester in den Versikeln und Responsorien antworteten, ist die Akustik günstig.
Auf einem Spaziergang durch die Stadt hörte ich eine junge Dame Lieder mit Klavierbegleitung üben – aber

die Stücke, die sie sang, waren von Mercadante und anderen obskuren Berühmtheiten der modernen Schule.[32] Ich habe nicht einen einzigen Akkord gehört, der mich daran gemahnt hätte, daß ich nun im Lande Mozarts bin. Nicht ein einziges Mal ist sein Name genannt worden, außer von mir selbst, und nicht eine Note von seinen unnachahmlichen Werken ist aufgeführt worden.

Freitag, 10. Juli. Gingen nach dem großen Platz, um die Militärmusik zu hören, aber da es ein regnerischer Morgen war, waren die Musiker und die Truppen in ihre Mäntel gehüllt und schienen in Eile, das Konzert hinter sich zu bringen – wenn man es so nennen darf – denn sie spielten nur etwa fünf Minuten und zerstreuten sich. Hier wie andernorts waren die Spieler gut, aber sie spielten schlechte Stücke.

Am Abend gingen wir ins Theater – ein sehr großes Haus in pompösem Stil. Es hat fünf Ränge von Logen, außer Parterrelogen, die unseren »Cellarets« in Covent Garden ähneln. Der Saal hat die Form einer Lyra und gleicht dem Zuschauerraum von Drury Lane. Die Proszeniumslogen und die königliche Loge in der Mitte sind besonders elegant und effektvoll, aber der vorgebaute Ring von Logen unterhalb der Königsloge ist offenbar für die Leute bestimmt, die gesehen werden wollen und verdirbt die Symmetrie und Form des Hauses. Vorhang mit einer sehr geschmackvollen Kopie von Guidos Aurora (eine Feinheit, die eine nützliche Anregung für Stanfield und andere englische Bühnenmaler sein könnte).[33]

Das Vestibül des Theaters ist in gutem, modernem Stil gebaut und mit einer eleganten Säulenhalle geschmückt, die von acht wohldimensionierten Säulen getragen wird. Die Wirkung ähnelt der der Halle von St. Martin's

Church, die nach meiner Meinung eine der bestproportionierten und symmetrischsten in London ist.
Das einzige, was ich an der Münchener Halle auszusetzen habe, ist das Giebelfeld, das, ohne jeglichen Statuen- oder Skulpturenschmuck, sehr leer aussieht.
Man spielte nur 4 Akte des Stückes »Das Schmuckkästchen« von Kotzebue.
Das Orchester ist groß und gut verteilt, aber zu meiner Überraschung sah ich kein Klavier oder Tasteninstrument für die Begleitung der Rezitative. Der Konzertmeister war (wie gewöhnlich) in der Mitte, unmittelbar hinter dem Souffleurkasten, und hinter ihm saßen die beiden Celli und Bässe. Zu seiner Rechten waren 6 zweite Geigen und 2 Bratschen, zu seiner Linken 6 erste Geigen. Hinter den Streichern zu seiner Rechten saßen die beiden Trompeten und das Schlagwerk, und hinter den ersten Geigen waren die Holzbläser, 2 Flöten, 2 Oboen, Klarinetten und Fagotte, 2 Hörner.
Die Ouvertüre war eine Sinfonia von Krommer in F[34], aber sie begann gleich mit dem Allegro ohne vorhergehendes Adagio (ein schlechtes Zeichen). Sie wurde schwungvoll gespielt, erhielt aber keinen Beifall von den Zuhörern.
Nach dem 1. Akt ein langsames Menuett in D, sehr gewöhnlich, hauptsächlich für die Bläser, gefolgt von einem recht graziösen Trio in G. Nach dem 3. Akt ein pastorales Rondo in G, thematisch leicht, aber gut instrumentiert.
Es fiel mir auf, daß die Musiker nicht sogleich, nachdem sie ihre Instrumente abgesetzt hatten, aus dem Orchesterraum fortliefen (wie es in England üblich ist), sondern fast vollzählig auf ihren Sitzen blieben und der Aufführung auf der Bühne mit ebensoviel Interesse zu fol-

gen schienen wie die Zuschauer. Sie schienen eine sorglose Gesellschaft von lustigen Jungens zu sein, die alles sehr leicht nahmen. Vielleicht geben sie sich bei Opernaufführungen mehr Mühe, aber soweit ich das nach diesem Abend beurteilen kann, sind sie an Begabung dem Orchester in Covent Garden und Drury Lane nicht überlegen; in einer Beziehung sind ihnen unsere Orchester voraus, denn sie spielen im allgemeinen die Symphonien und Ouvertüren von Mozart, Haydn und Beethoven.

Sonnabend, 11. Juli. Standen um halb sieben auf und gingen nach dem Frühstück in die Gemäldegalerie, da uns die Schildwache gestern abends gesagt hatte, die Galerie würde von 8 bis 12 Uhr offen sein. Wir wurden aber bei unserer Ankunft sehr enttäuscht, denn der Sonnabend ist zum Reinigen und Fegen bestimmt und wir können erst morgen Einlaß finden.

Wir gingen daher in den Englischen Garten, wie er genannt wird. Er ist sehr schön angelegt und in rücksichtsvoller Weise mit Bänken ausgestattet, die, zur Bequemlichkeit des Publikums, an geeigneten Plätzen aufgestellt sind. Einige Studenten saßen auf den Bänken und lasen ruhig im Schatten und ich war von der Zahl der Leute überrascht, die sich hier in der indolentesten Weise räkelten und nichts anderes zu tun zu haben schienen. Ein Arm des Flusses Isar fließt durch diesen angenehmen Garten – seine Strömung ist bemerkenswert schnell und an einer Stelle, wo zwei Arme sich vereinigen, ist ein sehr malerischer Wasserfall, eine Brücke in der Nähe gewährt einen guten Überblick und die Landschaft würde sich zum Malen eignen. Jenseits der Brücke ist die Szenerie durchaus einfach und ländlich, in vollkommenem Gegensatz zu dem eleganten, parkähnlichen Garten. Am

Flusse flogen verschiedene mövenartige Wasservögel ab und zu und fischten. Wie sie sich wiegten und in graziösen Kurven kreisten, verliehen sie der eigenartigen Schönheit der Szene einen erhöhten Reiz.
Dieser Garten legt ein ehrenvolles Zeugnis vom Geschmack des Grafen Rumford ab (eines der vernünftigsten und geschmackvollsten Begründer der utilitarischen Schule), der ihn dort angelegt hat, wo früher ungesundes Sumpfland war. Ein Obelisk ist zur Erinnerung an ihn errichtet worden, dessen Inschrift den Dank des Volkes für das erfolgreiche und wohltätige Unternehmen ausdrückt.
Auf einem Gang durch die Stadt fanden wir eine dem Heiligen Geist gewidmete Kirche offen und traten ein. In einer der Seitenkapellen wurde eine stille Messe gesagt. Die Bilder zeichnen sich weder durch Schönheit aus noch zeugen sie von Talent, und die Kirche scheint überhaupt für die ärmeren Klassen ausgestattet zu sein, die billigen Putz und goldene Ornamente lieben.
Ich halte die Theatinerkirche, ungefähr gegenüber dem königlichen Schloß, für die schönste in München. Äußerlich gleicht sie in Form und Stil der Jesuitenkirche in Mannheim, das Innere, obgleich mit Ornamentschmuck überladen, ist symmetrisch und von vortrefflichen Verhältnissen, besonders die Apsis mit dem Hochaltar und den beiden benachbarten Kapellen. Auch die Gemälde stammen aus einer besseren Schule und sind schön und ausdrucksvoll, besonders ein heiliger Rochus mit dem Engel ist gut gemalt, vornehmlich die Gestalt und Haltung des Heiligen (obwohl sie Lodovico Caraccis Darstellung des gleichen Gegenstandes im Fitzwilliam-Museum in Cambridge nicht gleichkommt). In der Nähe

des Altars stehen einige Kolossalstatuen von Päpsten und Heiligen, die gute Beispiele ihres Stils sind und zum Eindruck der Weite und Höhe des Baues beitragen.
Um 12 Uhr ging ich nach dem Großen Platz in der Erwartung, nicht bloß wieder die Militärmusik zu hören, sondern auch eine bessere Meinung von ihrer Fähigkeit zu gewinnen, ohne der Unbefangenheit und Wahrheitsliebe Opfer zu bringen. Zu meiner großen Enttäuschung gab es aber nur die gewöhnlichen Trommeln und Pfeifen, die Kapelle selbst spielte überhaupt nicht.
Die Tracht der bayerischen Bauern ist sehr eigenartig und malerisch – sie scheint sich in den letzten 500 Jahren nicht geändert zu haben. Sie tragen Kniehosen aus dunkelgrünem Samt, farbige Westen, einreihige Röcke mit glänzenden Knöpfen, kurzes, dickes, gelocktes Haar und Spitzhüte wie die englischen Kavaliere zur Zeit Karls I.
St. Michael, früher Jesuitenkirche – das Äußere ist durch nichts bemerkenswert, aber das Innere zeichnet sich durch eine Besonderheit aus: es hat weder Seitenschiffe noch Säulen. Das Ergebnis dieser Bauart ist der Eindruck ungewöhnlicher und unbehinderter Weite. Wenn man sich das Mittelschiff von St. Paul in London so denkt, daß die Seitenschiffe mit Kapellen ausgefüllt sind, dann gewinnt man eine Vorstellung von dem absonderlichen Plan der Architekten dieser Kirche. Es sind drei Kapellen in Nischen mit einer Galerie darüber, zwei Kreuzarme und der Hochaltar. Die Bilder sind schlecht und die Ornamente geschmacklos.
Die Vesper, die ich hörte, begann um 3 Uhr, aber der Gottesdienst war uninteressant, ohne Orchester, es wurde nur unisono gesungen und eine Orgel und ein Kontrabaß begleiteten.

Salve regina gregorianisch in D, aber zu schnell und streng im Takt, was seinen Charakter völlig zerstörte; der ganze Pathos ging verloren. Von Orgel und Kontrabaß begleitet.
Keine Litanei oder Tantum ergo. Am Ende spielte der Organist lediglich ein paar Akkorde auf der lauten Orgel, begleitet von ein paar plötzlichen Trompetenstößen, die so eilig klangen als ob die Spieler schnell aus der Kirche entkommen wollten – und alles war vorüber. Das war in der Tat ein lahmer und wirkungsloser Schluß. Aus der Art, womit das Nachspiel und überhaupt jede Gelegenheit vermieden wurde zu zeigen, was ein Spieler zu leisten vermag, beginne ich zu argwöhnen, daß die Organisten Bachsche Fugen oder andere schwierige Stücke nicht spielen können.
Am Abend um 6 Uhr gingen wir in den Hofgarten, um die Militärmusik zu hören. Sie bestand aus zwei Gruppen, einer Blechmusik und der regulären Militärmusik, einem halben Dutzend kleiner Klarinetten, ebensovielen gewöhnlichen Klarinetten, 2 Flöten, einer kleinen Flöte, 2 Fagotten, 4 Hörnern, 4 Trompeten, 2 Posaunen, 2 Baßhörnern, Trommeln und Becken.
Die Blechmusik löste die andere ab und sie spielten abwechselnd, aber sowohl Melodien als Harmonien waren von der kümmerlichsten Art, und die Wirkung war roh und unangenehm.
Einige von den Stücken, die die Militärmusik spielte, waren von besserer Art als ich vorher gehört und ein Stück, die Ouvertüre zu »Preziosa« von Weber, war ein musikalisches, gutes Werk von der leichteren Sorte und sehr anständig gespielt.
Zwei Spieler ragten unter allen hervor, die erste Klari-

nette und der Konzertmeister, der die erste kleine Klarinette spielte und Witter hieß. Der erstere zeichnete sich durch schönen Ton und geschmackvollen Vortrag, Herr Witter durch brillantes Spiel aus.
Von der Ouvertüre abgesehen, fand ich nichts, was mir hätte gefallen können. Die meisten Stücke waren Bearbeitungen von Opernarien Rossinis und seiner Nachahmer, gemischt, wie gewöhnlich, mit Walzern.
Ich hätte sie gerne gebeten, einige von Mozarts Ouvertüren (namentlich »Idomeneo«, die ich vor kurzem von der königlichen Kapelle in Windsor gehört habe) oder von Haydns Symphonien zu spielen, aber ich fürchtete, zu anmaßend zu erscheinen.
Im Ganzen konnte ich nicht finden, daß diese berühmte Kapelle unserer Militärmusik überlegen war, die täglich bei der Parade auf den Horse Guards und beim St.-James-Palast zu hören ist. Sie steht der königlichen Kapelle in Windsor unter Leitung meines Freundes C. Cramer weit nach.
Wir beabsichtigten, ins »Gymnasium« zu gehen, wo es eigenartige Reiterkunststücke zu sehen gab, aber als die Militärmusik zu Ende war, war es für das »Théâtre Equestrien« zu spät, das am anderen Ende der Stadt in der Nähe des Botanischen Gartens liegt. Wir schlenderten daher wieder zum Englischen Garten, an dessen Eingang eine sehr graziöse, kleine Marmorstatue steht, die ich bisher nicht bemerkt hatte, und die in ihrer Haltung dem Antinous ähnelte. Mit ruhiger Geste streckt sie die Hand gegen den stillen und abgeschlossenen Garten, als wollte sie den Vorübergehenden einladen einzutreten und die stille Schönheit zu genießen.
Es tut mir leid, ein Zeichen schlechten Geschmacks bei

den Münchnern feststellen zu müssen: wir fanden unter hunderten von Menschen kaum ein einziges Paar Arm in Arm. Wir begegneten Scharen von Männern und Frauen, die sich voneinander fern hielten und sich offenbar umeinander nicht kümmerten. Eine Gruppe von sieben jungen Mädchen kam an mir vorüber, die nicht einmal einen einzigen jungen Mann zur Begleitung hatten.
Es scheint mir so natürlich, wenn Menschen, die einander lieben, auch miteinander sein wollen, daß die Erfahrung, die ich hier gemacht habe, meinen Glauben an die Galanterie und gute Erziehung der Deutschen in ihrem Betragen gegenüber Frauen und an ihre Ergebenheit und Neigung für das schöne Geschlecht erschüttert hat.
Während des Abendessens spielten Wandermusikanten im Vorraum, zwei Klarinetten und zwei Hörner. Am besten gefiel mir die reizende Arie »Durch die Wälder, durch die Auen« aus dem »Freischütz«, die mit Gefühl vorgetragen wurde, besonders von der ersten Klarinette. Sie war nach F transponiert, aber ich ziehe die Originaltonart Es vor.

M. N. (12. Juli, Sonntag)

Am Sonntag um 9 Uhr in der Kathedrale, wunderbare Messe von Schack[35], gut gespielt, im Stile Mozarts, besonders das Kyrie und Agnus. Er war ein intimer Freund von Mozart, der vielleicht etwas dazugetan hat, denn Schack war nur ein Sänger.

V. N.

Nach dem Gottesdienst versuchte ich, den Organisten kennen zu lernen, einen Herrn Stadler, aber er war fort, ehe ich die Treppe zur Orgel erreichte. Ich hatte aber das Glück, einen sehr einnehmenden jungen Mann anzusprechen, dessen gutmütiges Gesicht mich ermutigte, ihn zu fragen, wer der Komponist der Vesper war. Er sagte mir, die Vesper stamme von Abbé Stadler in Wien. So kamen wir ins Gespräch, in dessen Verlauf er mich einlud, ihn in seine Wohnung in der Nähe der Kirche zu begleiten. Es stellte sich heraus, daß er der Sohn des Dirigenten der Messe am Morgen war und selbst den Nachmittags-Gottesdienst dirigiert hatte. Sein Name war Schreifel (oder klang so ähnlich), und er entpuppte sich als der natürlichste und angenehmste Mensch. Er zeigte mir mit viel Eifer seine Musiksammlung, die sehr wertvoll und erlesen war. Darunter war die Partitur der Messe, die Righini für die Kaiserkrönung geschrieben hatte, Méhuls Messe zur Krönung Napoleons, die Herr Schreifel selbst in München mit großem Orchester aufgeführt hatte. Haydns Messe Nr. 3 war in Deutschland, so sagte er mir, als »Nelson-Messe« bekannt, aber er konnte mir den Grund nicht angeben[36].

Er zeigte mir auch die Partituren zweier Messen, die er besonders hoch zu schätzen schien und die, wie er sagte, von einem jungen, vielversprechenden Mann namens Dobschreiter (oder so ähnlich) stammten und demnächst bei Falter & Sohn in München erscheinen würden. Ich werde sie bestellen, sobald sie herauskommen. Er zeigte mir auch eine Messe von Michael Haydn (Bruder des großen Joseph Haydn), Hieronymus-Messe genannt,

und sagte, er besitze 7 oder 8 Messen von ihm, die sehr geschätzt seien.
Mein Wunsch, ein Exemplar der Messe zu erwerben, die am Vormittag aufgeführt worden war, würde schwer zu erfüllen sein, meinte er, da die Messe ausdrücklich für die Münchener Kathedrale geschrieben war. Selbst wenn die Erlaubnis erteilt werden würde, würde es einige Zeit brauchen, eine Partitur herzustellen, da das einzige Exemplar nur in Stimmen vorliegt, die der Kopist spartieren müßte. Der Komponist der Messe (mit Ausnahme des Graduale und Offertorium, die von einem minderwertigen Tonsetzer stammten), war Herr Schack, kein Berufskomponist, sondern Sänger an der Kathedralkirche, der das Werk zu seinem Vergnügen geschrieben hatte. Er fügte hinzu, Herr Schack sei ein guter Freund Mozarts gewesen. Er scheint auch etwas von dem melodischen Reiz und der Schönheit des Mozartschen Stils übernommen zu haben und es ist nicht unmöglich, daß Mozart selbst die Komposition seines Freundes verbessert hat. In der Tat sind das Kyrie und der erste Teil des Agnus Dei seiner nicht unwürdig.
Es ist schade, daß ein so reizendes Werk unveröffentlicht bleibt, während das Publikum täglich mit Quadrillen und anderem verachtungswürdigen Schmarrn überschwemmt wird, wo in einer ganzen Wagenladung von bedrucktem Papier sich nicht ein einziger musikalischer Gedanke findet. Indes mußte ich am nächsten Morgen nach Salzburg weiterreisen, so daß keine Zeit blieb, die Erlaubnis einzuholen oder von einer erteilten Erlaubnis Gebrauch zu machen, und ich mußte die Hoffnung aufgeben, ein Exemplar von Herrn Schacks tüchtiger Komposition mitzunehmen . . .

M. N.

Das nächste, was wir hörten, war die Militärmesse bei St. Michael. Die Trommeln erschreckten mich zuerst, und bei der Elevation gab es eine große Roulade, aber das ist nichts, wenn man bedenkt, daß zuerst Ballettmusik und sodann ein Bravourstück gespielt wurde. Eine Soloklarinette spielte mit so viel Delikatesse und Ausdruck, daß keine Primadonna eine bessere Wirkung hätte hervorbringen können.
Unser nächster Besuch galt der Gemäldegalerie – oh, wie wünschte ich, daß Charles mit uns gewesen wäre. Ich glaube, eine solche Sammlung von wunderbaren Bildern wäre zu viel für ihn gewesen. Rubens ist hier sehr gut vertreten, Monk, Snyders und Tizian, P. Aretino und Van Dyck, Murillo und Velasquez, Eeckhout und viele andere.
Die Oper konnte ich nicht sehen, da ich meine Kleider mit dem Eilwagen voraussenden mußte, aber Vincent ging hin und sagte, es sei ein armseliges Schauspiel gewesen (»Ricciardo e Zoraide« von Rossini).[37]

V. N.

Einleitung stilistisch besser als sonst bei Rossini, kurze Ouvertüre . . . das Allegro wurde fortgelassen, oder Rossini war zu faul es zu schreiben. Im Verlaufe der Oper macht sich das Fehlen von Baßstimmen fühlbar. Alle männlichen Rollen sind Tenöre, tiefe Kontratenöre oder hohe Baritone, was alles ungefähr auf dasselbe herauskommt, so daß alles eintönig und kraftlos wirkt – wie anders sind doch Mozarts »Don Giovanni« und »Figaro«! Die Musik war wie gewöhnlich bei Rossini, Fetzen von guten Einfällen, die nicht ausgeführt werden... ein paar leichte Melodien, die angenehm und heiter sind, gemischt mit einer Menge unverantwortlicher Wiederholungen, Gemeinplätzen, abgebrauchter Steigerungen, unendlicher Triolen und ähnlichen albernen Kindereien. Das Orchester ist gut, erfüllte aber nicht die Erwartungen, die ich an seine Berühmtheit geknüpft hatte. Es ist zu lärmend und kennt keine hinreichende Abstufung des Tones. Es hat extreme *ppp* und *fff*, aber es fehlen die kleinen Schattierungen, von denen die schönsten Wirkungen herkommen.

München bis Salzburg, 13. Juli

V. N.

Wir verließen München um 6 Uhr morgens. Das Land in der Nähe Münchens ist flach, aber nach acht oder zehn Meilen wird die Straße schön und man fährt durch Föhrenwälder mit Lichtungen, die den Blick auf eine malerische Landschaft mit den Tiroler Bergen im Hintergrund zu unserer Rechten freigeben. Die Bauart der Häuser ändert sich und ähnelt den Schweizer Häusern, wie sie im Diorama in der Ansicht des Dorfes Sarnen gezeigt werden. Wir kamen an einem alten Mann vorüber, dessen Kopf ein gutes Modell für einen Maler abgegeben haben würde, nicht unähnlich dem Kopf, den Sir Joshua als Studie für seinen Grafen Ugolino gemalt hat, aber eindrucksvoller.

Die Kleidung der Bauern ist sehr grotesk und wild – Hüte wie sie von den Tiroler Sängern getragen worden sind, die in London auftraten, aber sie waren nicht von grünem Samt, sondern aus gewöhnlichen Holzspänen, Stroh oder Filz gemacht. Ich sah auch keine von den farbenprächtigen, gestickten Westen, wie die Familie Rainer bei ihrer Vorstellung trug[38]. Manche Frauen sahen aus, als ob sie von Wales kämen.

M. N.

Glücklicherweise waren wir bis Salzburg allein im Cabriolet. Der Tag war schön und nach einiger Zeit wurde die Landschaft sehr schön. Die Bauern tragen Tiroler Tracht, sind herzlich und gutmütig, aber die Frauen sind nicht schön. Überhaupt bin ich keine Verehrerin des deutschen Schönheitsideals. In manchen Gegenden sehen die Bauern furchtbar aus, roh und sonnverbrannt, und den Städtern fehlt jeder Ausdruck, obwohl ihre Züge fein und regelmäßig sind und ihr Teint hell ist. Mademoiselle Sonntag und Mrs. Hutchison sind Beispiele des allgemeinen Charakters[39], es gibt hier keine zarte Figur oder graziöse Haltung. Die Angehörigen der besseren Klassen pflegen den schlenkernden Gang nach französischer Art, aber das kommt vielleicht von dem furchtbaren Straßenpflaster.

V. N.

Kamen um 12 Uhr in Wasserburg an, einem besonders hübschen Ort, mitten in einem Amphitheater von Bergen und Felsen malerisch gelegen und vom Flusse Inn umflossen.
Erreichten Oelburg (?) um halb sieben, ein hübscher Ort am Fuße der Tiroler Berge. Man erreicht ihn durch einen schönen Föhrenwald mit herrlichen Ausblicken auf die benachbarten Berge.
Nach einer der schönsten Fahrten, die ich je genossen, an einem der schönsten Tage, die ich je erlebt, in heller Mondnacht kamen wir am Ziel unserer Wallfahrt an – Salzburg, Mozarts Geburtsort.

Der erste Salzburger Aufenthalt

M. N.

Wir kamen in Salzburg erst um Mitternacht an – nur ein Gasthof war offen, der »Goldene Ochs«. Ich glaube, es wurde zuerst vorgeschlagen, daß alle Passagiere in einem Raum schlafen sollten. Da aber der Herr und die Dame Einwände machten, wurden wir in ein riesiges Zimmer mit sechs Fenstern geführt, mit Bildnissen von Rittern und Damen in Rüstungen und Seide und glänzenden Helmen an den Wänden, mit einem in der Mitte herabhängenden Leuchter und drei Betten. Wir hatten dieses ungeheure Zimmer kaum besichtigt und warteten auf unser Abendessen als die Wirtin eintrat und ohne alle Umstände zwei Frauen hereinführte, die in dem selben Zimmer schlafen sollten. Es war zwecklos zu protestieren. Sie sagte, der Herr könne in einer Ecke schlafen, ich in einer anderen und die beiden Frauen in einer dritten. Die anderen Gasthöfe waren geschlossen und sie sagte uns rund heraus, wir hätten keine Wahl. Das war eine Verlegenheit, denn wir konnten nicht wissen, ob die beiden nicht in der Nacht aufstehen und uns erwürgen würden. Ich muß euch sagen, daß in dieser Gegend die Postillone immer mit Pistolen gut bewaffnet sind. Manche von den Wäldern, durch die wir kamen, müssen für einen einzelnen Reisenden furchterregend sein, denn im Umkreis von vielen Meilen ist kein Haus zu sehen. Indessen waren die beiden armen Frauen völlig harm-

Salzburg um 1829 Oben: Gesamtansicht Unten: Der Nonnberg

los. Sie standen am nächsten Morgen um 4 Uhr auf, und da die eine sah, daß ich wach war, sagte sie mir etwas in sehr energischem Ton, aber ich konnte nur erwidern: »Nichts verstehen«. Darüber schlug sie ihre Hände in großer Bekümmernis zusammen und ging, kam jedoch zurück, als ich angekleidet und Vin ausgegangen war. Ich schloß aus ihrem Gehaben, daß sie sich in großer Aufregung befand. Ich nahm also all meinen Witz zusammen, um sie zu verstehen und zu trösten und erfuhr bald den Grund ihrer Verzweiflung: sie kannte den Reiseweg zu ihrem Oheim nicht, der ein Priester in Tirol war und ihr geschrieben hatte, er sei krank und sie solle zu ihm kommen. Es gab keinen Wagen nach diesem Ort und sie sollte 33 Stunden zu Fuß wandern – und sie wußte nur, daß er irgendwo in den Bergen lag. Ich konnte der Armen nicht helfen, denn ich kannte den Ort selbst nicht, aber ich konnte bald feststellen, daß Armut ihr Unglück vollmachte, und fragte, ob sie gefrühstückt hätte. »Nein«, sagte sie und schüttelte den Kopf und ich erinnerte mich, daß sie gestern nirgends erschienen war, wo wir zum Essen hielten und wohl auch den ganzen Tag nichts gegessen haben mochte. Zum Glück war noch ein großes Stück Kirschenkuchen von unserem Nachtessen übrig. Ich bot es ihr an und sie aß es mit solcher Gier, daß ich überzeugt war, es sei ihre erste Mahlzeit gewesen. Ich drängte ihr für ihre Reise alle Vorräte auf, die ich im Korb hatte. Geld wies sie zuerst zurück, da sie es nicht zurückzahlen konnte, aber ich versicherte ihr, daß das unnötig war und hoffe, daß es ihre Reise weniger mühsam gemacht hat, da in den Bergen die Gastfreundschaft gepflegt wird und einfache Nahrungsmittel billig sind. Ihr Tonfall, als sie sagte »Es ist sehr traurig«, war sehr rührend. Beim Abschied gab ich ihr ein Bild aus meinem Taschenbuch zum Andenken, sie küßte es und sagte, sie würde es ihrem Oheim, dem Priester zeigen, es sei schön und er werde für mich beten – armes Kind! Es wird zur lieben Frau in ihr Gebetbuch gelegt werden, und da es elegante Damen darstellt, mag es für das Bildnis dreier Heiliger gehalten werden.

Es war mir eine willkommene Gelegenheit, dem armen Ding zu helfen, besonders in Mozarts Geburtsort. Kurz darauf kehrte mein lieber Vin zurück, voll eifriger Begierde, denn er hatte die Stadt seines geliebten Mozart erforscht, das Geburtshaus gesehen und erfahren, wie man zu seiner Witwe und Schwester gelangt. Er war noch ungewaschen und unrasiert, vor dem Frühstück, unser Gepäck war vom Zollhaus zu holen, unsere Pässe zu besorgen (denn wir waren in Österreich), aber alle diese profanen Dinge schienen ihn nicht zu berühren und ich konnte ihn aus seiner Träumerei nicht wecken. Ich bezahlte die Rechnung im »Ochsen« und übersiedelte ins »Schiff«, da ich nicht wieder des Nachts gestört werden wollte.

Entgegen aller Erwartung machten die Zollbeamten gar keine Schwierigkeiten und die Polizei stellte keine impertinenten Fragen, vielleicht machte es Eindruck auf sie, daß wir gut gekleidet waren, als wir die Pässe holten, denn die Deutschen geben viel auf äußeren Schein. Wir gaben unsere Briefe bei Frau Sonnenburg ab, die, wie man uns sagte, schwer krank war, und erhielten bald darauf eine sehr freundliche Botschaft von der Witwe, daß sie uns bei sich sehen wolle, da ihre Schwägerin so unwohl war, und daß ihr Mädchen uns um 9 Uhr abholen würde, um uns zu ihrem Hause zu führen.

V. N.

Salzburg, Dienstag, 14. Juli. Dieser Tag war einer der schönsten und interessantesten, die ich erlebt habe. Ich stand frühzeitig auf und fand den Weg in eine Buchhandlung, wo ich eine Beschreibung und einen Plan der Stadt erstand. Ich stellte auch fest, daß Mozarts Geburtshaus Nr. 225 in der Getreidegasse war, daß Madame Sonnenburg (seine Schwester) auf Nr. 214 in der Kirchgasse und Madame von Nissen (Mozarts Witwe) auf Nr. 23 am Nonnberg wohnte.
Ich gab zuerst den folgenden Brief bei der Schwester ab und sagte, wir würden um drei Uhr wiederkommen, um uns die Antwort zu holen, ob sie wohl geneigt sein würde, uns zu empfangen, und wenig später kam die folgende Botschaft von Madame Nissen, der Witwe[40].

A Mad. Sonnenburg[41]

Madame,

J'ai le plaisir de vous remettre une lettre de Mr. Stumpff, et la liste de quelques-un de mes Amis à Londres, qui sont (comme moi-meme) admirateurs enthousiastiques des compositions incomparables de Mozart, et qui m'ont confié un petit cadeau pour mettre entre vos propre mains, Madame, si vous voulez avoir la bonté de me permettre l'honneur de vous faire une petite visite, quand il vous conviendra le mieux, pour me recevoir sans façon – et dans la maniere qui vous genera le moins possible.
Je serai charmé Madame si vous voulez me traiter comme un ancien et cordial Ami de votre illustre

frere, pour qui c'est impossible que personne au monde peut sentir un plus profond respect ou un admiration plus vif que celui que je me loue d'entretenir pour sa memoire.

En attendant la faveur d'une ligne en reponse,
J'ai l'honneur d'etre
Madame votre tres obligé
V. Novello.

P.S. – Je me propose l'honneur de faire un'esquisse Biographique 'de Mozart, fondé sur les Memoires qui ont eté dernierement publié par Madame sa Veuve.
Je suis venu faire un petit tour en Allemagne avec ma femme expres pour avoir le plaisir de vous faire une visite et d'enjouir la gratification d'avoir un peu de conversation avec vous, Madame, et avec Made. von Nissen, sur le sujet du plus grand Genie Musical qui ait jamais existé; et de qui . . . (der Satz ist unvollendet)
Comme je n'ai pas l'habitude d'ecrire en Francais-j'espere Madame que vous aurez la bonté d'excuser les fautes que, sans doute, vous trouverez dans la communication presente. Je ne m'exprime pas comme je veut, mais comme je peut.

V. N.

Madame von Nissen sandte höflicherweise ihr Mädchen kurz nach 2 Uhr, um uns zu ihrem Hause zu führen. Sie war ein lustiges, angenehmes Ding, sprach aber nur deutsch. Der Weg zum Haus ist ganz ungewöhnlich und malerisch und das Haus selbst steht an einem der schönsten Punkte, die ich kenne. Madame Nissen erwartete uns im ersten Stockwerk und empfing uns mit großer Herzlichkeit und ohne Umstände. Sie hatte ihre Schwester (Sophie Haibl) und Mozarts jüngsten Sohn (Wolfgang Amadeus, der beim Tode seines Vaters etwa 5 Monate alt war), der glücklicherweise gerade bei seiner Mutter zu Besuch war, bei sich[42].

Wir fanden uns sogleich in einer lebhaften und (für mich) sehr interessanten Unterhaltung.

M. N.

Wir haben eben Mozarts Witwe gesehen – oh, welch eine Welt von Sensationen hat diese Begegnung erregt! Die Frau, die ihm so teuer war, die er so oft liebkost, der die Bemühungen seines Genius gewidmet waren, diese Frau neben sich zu sehen, war wie eine Berührung mit ihm selbst, und während der ganzen Unterhaltung hatte ich das Gefühl, daß sein Geist mit uns war. Wie hätte es anders sein können! Ich hielt sein Bildnis in meiner Hand, das sein Leben atmet. Als ich eintrat, war ich von meinen Gefühlen so überwältigt, daß ich nichts tun als weinen und sie umarmen konnte. Auch sie schien gerührt zu sein und rief wiederholt aus: »Oh quelle bonheur pour moi, de voir les enthousiastes pour mon Mozart«. Sie spricht fließend französisch, obwohl mit deutschem Akzent, doch das Italienische fällt ihr leichter. Da ich jedoch nicht italienisch spreche, fuhr sie höflich französisch fort. Sie ist eine feine Dame, und obgleich von ihrer Schönheit nichts übrig ist als ihre Augen, wie auch das gestochene Portrait in ihrer Mozartbiographie andeutet, hält sie sich doch gut für eine Frau von etwa 65 Jahren.

Sie wohnt reizend in der Nonnstraße, auf halber Höhe eines Berges mit einer Aussicht, die man kaum in der Welt wiederfindet. Wie gewöhnlich im Ausland sind die Zimmer nicht mit Möbeln überladen und das Zimmer, worin sie uns empfing, stieß an ein Kabinett, worin ihr Bett stand, geschmackvoll mit einer grünen Seidendecke zugedeckt, die gut zu den Blumen im Zimmer paßte. Sie beklagte es, daß ihre »belle-soeur« nicht die Freude hatte, uns zu sehen und uns für das schöne Geschenk zu danken, das Vin von ihren Freunden in England mitgebracht hatte, »ma pauvre soeur quelle malheur pour elle«. Sie versprach aber, daß ihr Sohn uns am nächsten Morgen bei Madame Sonnenburg einführen werde, da es sie sicher interessieren werde, uns zu sehen.

V. N.

Mozarts Schwester (Sonnenburg) ist seit drei Jahren leidend und seit sechs Monaten ans Bett gefesselt, sie ist ganz blind und sehr schwach. André[43] erbot sich, eine Subskription zu eröffnen, aber Frau Sonnenburg lehnte ab, da sie genug zum Leben hatte und kein Gegenstand öffentlicher Aufmerksamkeit sein wollte. Madame Nissen glaubt, sie würde es nicht begrüßen, wenn ein Konzert für sie veranstaltet werden würde.

Frage[44]: Sind die handschriftlichen Partituren des »Don Giovanni« und anderer Opern aufbewahrt und können sie käuflich erworben werden?

Die Partitur des »Don Giovanni« ist vermutlich in Prag[45]. André besitzt einen Stoß von Mozarts Manuskripten, einen halben Meter hoch, worunter nach Aussage seines Sohnes der Entwurf einer Oper mit einigen vollendeten

Stücken sein soll. André soll einige Manuskripte in England veräußert haben. Mutter und Sohn schienen mit mir übereinzustimmen, es sei bedauerlich, daß André alle diese Manuskripte zurückhalte, statt sie zum Wohle der musikalischen Welt zu veröffentlichen.

Frage: Dieselbe Frage in Bezug auf die Messen, Symphonien und andere Werke.

Sie zeigte mir die Handschrift zweier Kyrie in Partitur, eines in Es, das andere in C (verschieden von denen, die ich veröffentlicht habe). Er war ungefähr 22 Jahre alt, als er sie schrieb.

Frage: Was ist aus seinem Pianoforte geworden?

Der andere Sohn in Mailand besitzt das Pianoforte, nicht der Musiker, sondern der Beamte[46].

Madame Nissen hoffte, das Klavier zu bekommen, worauf er die »Clemenza« und »Zauberflöte« komponiert hat.

Frage: Welche eigenen Kompositionen waren ihm die liebsten?

Sie sagte, er habe »Don Giovanni« und »Figaro« und vielleicht das meiste aus »Idomeneo« geliebt, weil er mit letzterem schöne Erinnerungen an die Zeit und die Umstände verband, unter denen er die Oper geschrieben hatte.

Drei seiner Symphonien waren ihm ungefähr gleich lieb, und er zog sie allen anderen vor, sie konnte mir die Tonarten nicht angeben, aber soweit ich es feststellen kann, waren es die Symphonien aus g-moll, Es-dur und die »Jupiter« aus C.

M. N.

Sie glaubt, daß er »Don Giovanni« den Vorzug vor allen anderen Kompositionen gab, aber sie ist nicht ganz sicher. Er liebte auch »Figaro« und manchmal »Idomeneo«, der unter besonders glücklichen Umständen für München geschrieben war.

V. N.

Frage: Sang und spielte er viel? Welche Stücke spielte er am häufigsten und phantasierte er, wenn er allein war? Welche besonderen Eigenheiten hatte sein Spiel?

Er spielte privat nicht viel und phantasierte manchmal, wenn er mit ihr allein war. Oft spielte er ihr die Lieder vor, die sie lernen sollte. Er liebte es auch nicht, vor Fremden zu spielen; wenn er aber wußte, daß sie ein gutes Urteil hatten, tat er sein Bestes, um ihren Beifall zu erringen.

Frage: Saß er am Instrument, wenn er komponierte und versuchte er manche Stellen, wenn sie ihm gerade einfielen, oder schrieb er ein Stück erst nieder, wenn es in seinem Kopf ganz fertig war, und schrieb er es gleich in Partitur? Mußte er beim Komponieren allein sein oder konnte er sich so absondern, daß auch viele Anwesende ihn nicht störten?

Er trat selten an das Instrument, wenn er komponierte. Er konnte beim Komponieren aufstehen und im Zimmer auf- und abgehen, unberührt von allem, was um ihn her vorging. Er konnte dann bei ihr niedersitzen, sie um Tinte und Papier bitten und sagen: »Ma chere femme, ayez la bonté de me dire de quoi on a parlé«. Dann konnte er an ihrer Seite schreiben, während sie zu ihm sprach, ohne daß die Konversation ihn am Arbeiten störte.

M. N.

Wenn irgendeine große Konzeption in seinem Geiste entstand, war er völlig wie abwesend, ging in der Wohnung auf und nieder und wußte nicht, was um ihn her vorging. Sobald aber in seinem Kopfe alles fertig war, brauchte er kein Pianoforte, sondern nahm Tinte und Papier und sagte zu ihr, während er schrieb: »Nun, liebes Weib, sei so gut und sage mir, wovon die Rede war« und die Unterhaltung störte ihn durchaus nicht, »was mehr ist«, fügte sie hinzu, »als ich mit dem gewöhnlichsten Brief tun kann«.

V. N.

Beschreibung des Zimmers: An den Wänden hängen die Porträts[47]. Über dem Sofa Mozart mit seiner Schwester am Klavier, der Vater sitzend, das Porträt der Mutter in einem Rahmen an der Wand. Darüber das Porträt ihres zweiten Mannes, Herrn von Nissen. In dem andern Raum das Bildnis Mozarts als Knabe mit gestickter Weste und Degen und das Porträt der beiden Söhne in zärtlicher und graziöser Haltung, als ob sie sehr aneinander hingen.
Der Jüngere, der neben mir stand, als ich es betrachtete, sagte mir, daß er etwa 5 Jahre alt war, als das Bild gemalt wurde.

Frage: Wieviele Porträts, Büsten, Stiche usw. gibt es von ihm und welche geben seine Züge am besten wieder?

Bei weitem das ähnlichste Porträt ist, nach Madame Nissens Meinung, das Ölbild, das der Mann der Madame Lange (Madame Nissens älterer Schwester) gemalt hat und das in ihrer Biographie wiedergegeben ist – es ist unvollendet, aber sehr gut – in einer Holzkiste, als ob es verschickt worden wäre.
Gute Ähnlichkeit auch in einem Wachsporträt in Berlin.

M. N.

Die Originalstiche hängen an den Wänden, Nissens Porträt, ihre beiden Söhne, Mozart als siebenjähriger Knabe, die spielende und singende Familie, aber das herrliche Bildnis von Mozart hält sie in einem Kasten verschlossen und weigert sich vernünftigerweise, es vollenden zu lassen, damit der lebendige Ausdruck nicht durch eine Ungeschicklichkeit verloren gehe. Es stammt von Herrn Lange, dem Mann ihrer Schwester. Madame Lange war seine erste Wahl. Sie versichert uns, daß es ihm genau ähnelt. Es ist viel schöner als der Stich, die Stirne hoch und gewölbt, voll Genie, der Mund voll Süßigkeit und Schönheit. Beides sowie die Nase sind im Stich übertrieben, sie sind viel feiner auf dem Gemälde ... Mozart hatte sehr feine Hände.

V. N.

Frage: Ob seine allgemeine Veranlagung lebhaft und spielerisch oder melancholisch war – ob er gut zeichnen oder malen konnte oder irgendeine Begabung für etwas anderes als seine eigene Kunst hatte?
Sie sagte: »Il etoit toujours si gai«.

Er liebte Malerei und Bildhauerei und konnte selbst zeichnen. »Er hatte in der Tat«, fügte sie hinzu, »eine große Begabung für alle Künste«.

M. N.

Sie sagte uns, er habe ein wenig gezeichnet und alle Künste geliebt, er habe in der Tat Talent für alles gehabt, er sei immer wohlgelaunt gewesen, selten melancholisch, eine sehr fröhliche Natur, er war ein wahrer Engel, rief sie aus, und ist es nun – sie sagte das ganz einfach, ohne jede Heuchelei.
Sie zeigte uns Mozarts Album, aber da es fast ganz deutsch war, konnten wir nichts davon verstehen.
Indessen waren ein paar Zeilen in seiner eigenen Handschrift herrlich geschrieben. Seine Unterschrift und seine Schriftzüge ähneln Vins Schrift, oder der meinen, wenn ich die seine nachahme und eine schlechte Feder habe, ohne einen gütigen Vin, der sie mir zuschneidet – so sieht Mozarts Schrift aus.

V. N.

Sie zeigte mir ein Buch, das ihm gehörte, ein Album, das einige kurze literarische Stücke enthielt, nebst Zeichnungen und Bildern usw., die zu verschiedenen Zeiten von seinen Freunden eingefügt worden sind. Einige Bemerkungen waren von Mozart selbst geschrieben – aber leider alles deutsch.
Sie zeigte mir den Text eines Terzetts aus der »Entführung« in seiner eigenen Schrift und summte sehr natürlich die ersten Noten. Sie war überrascht, daß Attwood[48]

ihr nicht geschrieben hatte – ich las ihr seinen Brief an Madame Lange vor und sagte, er habe wahrscheinlich nicht vermutet, daß sie in Salzburg sei.
Sie schien darüber erfreut zu sein, daß Exemplare ihrer Mozartbiographie in England erhältlich waren, und daß das erste Exemplar, das nach England kam, sich in meinem Besitz befindet.

M. N.

Er liebte Joseph II. und lehnte eine Berufung des Königs von Preußen nach Berlin mit einem Gehalt von 1600 Zechinen ab, obwohl ihm der Kaiser kein Gehalt aussetzte – es ist zu hoffen, daß dieses großmütige Opfer vom österreichischen Hof belohnt werden wird[49].

V. N.

Beschreibung von Frau Nissen. In ihrer Jugend muß sie sehr schöne Augen gehabt haben, sie sind immer noch schön. Ihr Gesicht hat keine Ähnlichkeit mit dem Porträt in der Biographie. Es ist schmal und trägt die Spuren vieler Mühen und Sorgen, aber wenn ihre Züge sich zu einem Lächeln entspannen, ist ihr Ausdruck bemerkenswert angenehm. Sie ist klein, schlank und sieht viel jünger aus als ich erwartet hatte. Ihre Stimme ist tief und sanft, sie hat gute und einnehmende Manieren, ist ungezwungen wie jemand, der sich viel in der Gesellschaft umgetan und die Welt kennengelernt hat. Sie sprach von ihrem berühmten Mann mit Zärtlichkeit und Liebe (obzwar nicht mit der Begeisterung, die ich von der Frau erwartet hätte, die ihm so nahe und so teuer war) und ich konnte ein leichtes Beben in ihrer Stimme merken,

als sie mit mir sein Bildnis betrachtete und bei zwei oder drei anderen Gelegenheiten, wenn sie auf die letzten Jahre seines Lebens anspielte, was nicht minder rührend und ergreifend war, da sie jede Bewegung unwillkürlich und unauffällig zu unterdrücken suchte. Sie hätte während meines ganzen Besuches nicht gütiger, freundlicher, ja selbst herzlicher sein können. Diese Frau ist für mich einer der interessantesten lebenden Menschen.
Sie sagte, sie habe den vielen Leuten, die Andenken an Mozart verlangten, fast alles gegeben, was sie besessen. Andenken, die sie mir gab: ein Stückchen einer kleinen Haarbürste, die er täglich benutzte, ein Blatt eines Briefes an seinen Vater. Ich hätte gerne eine Haarlocke gehabt, aber sie sagte, es sei alles zu Staub zerfallen.
Sein Sohn versprach, mir einen Brief an Haslinger[50] zu geben, der mir viel über seinen Vater würde sagen können, und einen zweiten an Abbé Stadler[51]. Obwohl er weit entfernt lebte, besuchte er seine Mutter doch regelmäßig wie eben gerade jetzt. Er zeigte mir (auf Verlangen seiner Mutter) eine Kantate, die er ... gewidmet hat. Sie steht in D und ist als op. 28 bei Haslinger erschienen[52]. Er selbst besitzt die Partitur. Die meisten seiner Werke sind bei Breitkopf erschienen.
Er schrieb mir die besten Mozartbiographien (außer Nissen) auf[53].

M. N.

Anwesend waren auch eine Schwester von Madame und ihr jüngster Sohn, der, obgleich dem Vater nicht unähnlich, kein Genie zu haben scheint. Dieses Gefühl überschattet vielleicht sein ganzes Gehaben und dämpft das

Feuer seiner Werke, die darum zur Mittelmäßigkeit verdammt sind. Etwas von dieser Verzweiflung, je etwas hervorzubringen, was des väterlichen Namens würdig wäre, scheint ihn niederzudrücken. Im übrigen ist er gutmütig, bescheiden, zugänglich und offen.

V. N.

Nach dem Besuche bei Madame Nissen gingen wir am Abend zu Mozarts Geburtshaus, das in der Biographie abgebildet ist. Es liegt an der Getreidegasse Nr. 225 (jetzt Nr. 9), der untere Teil ist von Joseph Lorenz (Hagenauer) bewohnt. Im dritten Stockwerk sind vier Räume, ein großer und ein kleiner auf die Straße, einer nach hinten mit schönem Blick auf die Universitätskirche, und ein Raum in der Mitte. In diesem Mittelzimmer wurde Mozart geboren. Beim Betreten des Hauses trafen wir ein Dienstmädchen, das sehr höflich die Frau herbeirief, der das zweite und dritte Stockwerk gehört. Sie war eine sehr gefällige und schwatzhafte Person (sprach aber leider nur deutsch) und ließ gütigerweise ihr Nachtessen stehen, um uns die Wohnung zu zeigen, die wir so sehr zu sehen wünschten.
Die Räume sind jetzt ganz unbewohnt – nicht ein einziges Möbelstück stand darin – aber sie waren eben gesäubert und frisch gemalt worden und sollten, soviel ich erraten konnte, vermietet werden. Es gibt Weniges, was mir besser gefiele, wenn ich unabhängig wäre (und meine Freunde mitbringen könnte), als diese Räume zu bewohnen und den Rest meines Lebens in dieser wunderbaren Landschaft inmitten all dieser vielen interessanten und herrlichen Erinnerungen zu verbringen.

M. N.

Vin und ich pilgerten zu dem Hause, wo Mozart geboren war. Es ist im Druck gut wiedergegeben. Ich wagte es, in meinem gebrochenen Deutsch ein »Mädchen« anzusprechen, das uns beobachtete, wie wir das Haus anstarrten, und sie begriff schnell, was wir wollten. Wir hatten tatsächlich gar keine Schwierigkeiten mit ihr, und ich glaube, daß meine Mienen und mein krampfhaftes Lächeln sehr ausdrucksvoll gewesen sein müssen, denn mein Deutsch ist abscheulich. Eine gutmütige, kleine, dicke Frau, in Kleidung und Gehaben einer Engländerin nicht unähnlich, ließ ihr Nachtessen stehen, um uns die Treppe hinaufzugeleiten. Es sind vier Räume, zwei nach der Straße zu, einer in der Mitte, wo Mozart seinen ersten Atemzug getan hat. Ich kann meine Gefühle nicht beschreiben, in der Tat, wir leben seit unserer Ankunft in Salzburg in einem Zustand völliger Verzückung. Ich wünschte, wir könnten 12 Monate hier leben, aber das ist uns nicht beschieden.

15. Juli. Salieris Feindschaft begann mit Mozarts Komposition von »Così fan tutte«. Er hatte die Oper selbst begonnen, aber aufgegeben, da er sie für unwürdig hielt, in Musik gesetzt zu werden. Der Sohn stellt es in Abrede, daß er (Salieri) Mozart vergiftet habe, obwohl der Vater es glaubte und Salieri es in seinen letzten Tagen gestand. Aber Salieri war sein Leben lang von Kabalen und Intrigen verbittert, die sein eigenes Leben und Denken vergifteten, und das mag den Sterbenden bedrückt haben[54].

V. N.

Salieri versuchte zuerst, die Oper zu komponieren, aber es gelang ihm nicht. Der große Erfolg Mozarts soll seinen Neid und Haß erregt haben und der Beginn seiner Feindschaft und Bosheit gegenüber Mozart gewesen sein (Süßmayr war ein Freund Salieris). Ungefähr sechs Monate vor seinem Tode kam Mozart der furchtbare Gedanke, daß ihn jemand mit Acqua Toffana[55] vergiften wolle – er kam eines Tages zu ihr und klagte über große Schmerzen in den Lenden und allgemeine Mattigkeit – einer seiner Feinde habe ihm die verderbliche Mixtur beigebracht, die ihn töten würde, und sie könnten den Zeitpunkt seines Todes genau und unweigerlich berechnen. Der Auftrag für das Requiem tat ihm weh, denn er gab diesen traurigen Gedanken, die von seiner körperlichen Schwäche gefördert wurden, neue Nahrung.
Der große Erfolg der kleinen Freimaurer-Kantate, die er damals schrieb, heiterte ihn für kurze Zeit auf, aber seine traurigen Vorahnungen kehrten in ein paar Tagen zurück, als er die Arbeit am Requiem wieder aufnahm. Einmal probierte er einen Satz mit Süßmayr und Madame Mozart, aber einige Stellen erregten ihn so, daß er in Tränen ausbrach und nicht fortsetzen konnte.
Ich war erfreut zu hören, daß ich richtig geraten hatte und daß das Recordare (einer der göttlichsten und bezauberndsten Sätze, die je geschrieben wurden) auch sein Lieblingsstück war.
Sie bestätigte auch die Richtigkeit seines Ausspruches drei Tage vor seinem Tode: »Nun habe ich eine Stellung erhalten, die mir die Möglichkeit gibt, in Zukunft zu schreiben, was mir selbst gefällt, und ich fühle, daß ich

Konstanze Mozart Aus der Biographie von N. A. von Nissen

etwas vollenden könnte, was des Ruhmes würdig wäre, den ich erworben habe – aber nun gerade muß ich sterben.«

Welche wunderbaren Werke sind der Welt durch seinen unglückseligen, frühen Tod verlorengegangen, denn, wie unvergleichlich auch seine Werke sein mögen, bin ich doch sicher, daß er, wenn er gelebt hätte, noch schönere geschrieben haben würde, wie Oratorien und andere große Werke epischer Natur.

V. N. (15. Juli)

Ein womöglich noch schönerer Tag als gestern. Mozarts Sohn kam um 11 Uhr, um uns zu seiner Tante Sonnenburg zu führen. Nach einer kurzen Plauderei begleiteten wir ihn zu ihrem Hause, das nur wenige Schritte von unserem Gasthof entfernt war. Es schien, daß sie eine ruhelose Nacht verbracht hatte, aus Furcht, daß wir sie nicht besuchen würden, und drückte wiederholt ihr Bedauern darüber aus, daß man uns nicht vorgelassen hatte, als wir das erstemal vorsprachen. Als wir das Zimmer betraten, lag Mozarts Schwester ruhig im Bett, aber blind, matt, erschöpft, schwach und fast ohne Sprache. Ihr Neffe erklärte ihr freundlich, wer wir waren und sie schien große Befriedigung daraus zu schöpfen. Während der ganzen Zeit hielt ich ihre arme, schmale Hand in der meinen und drückte sie mit der aufrichtigen Herzlichkeit eines alten Freundes ihres Bruders. Es schien sie besonders zu freuen, daß das kleine Geschenk, das wir mitgebracht hatten, gerade vor ihrem Namenstag eingetroffen war (St. Anna, 26. Juli). Ihr Geburtstag fällt auf den 30., an welchem Tage sie ihr 78. Lebensjahr vollendet haben wird. Ihre

Stimme ist fast erloschen und sie scheint sich schnell dem Reich zu nähern, von wo kein Wanderer zurückkehrt. Ihr Angesicht, obwohl durch Krankheit und Alter verändert, hat immer noch große Ähnlichkeit mit den Porträts, die von ihr gestochen worden sind, aber es war schwer zu glauben, daß diese hilflose und matte Gestalt, die vor uns lag, einmal das kleine Mädchen gewesen war, das neben dem Bruder gestanden und zu seiner kindlichen Begleitung gesungen hatte [56].

M. N.

Wiederum ein köstlicher Tag mit den Mozarts. Der Sohn kam, um uns seiner Tante vorzustellen. Sie war die ganze Nacht unruhig gewesen und hatte nicht schlafen können, weil sie fürchtete, wir würden nicht zu ihr kommen. Sie ist ganz blind, leidet aber keine Schmerzen, sie befindet sich im Zustand einer natürlichen Auflösung. Sie liegt zu Bett wie jemand, der den Tod erwartet, und wird vermutlich im Schlaf sterben. Ihre Erscheinung, obwohl sehr verändert und fast häßlich, hat doch Ähnlichkeit mit ihrem Porträt. Sie ist sehr blaß und hat sehr feine Hände. Wie die meisten Blinden ist sie für Berührung sehr empfindlich. Sie hielt unsere Hände fest in den ihrigen und fragte, wer der Herr und wer Madame sei und kränkte sich sehr, daß wir nicht deutsch sprechen konnten. »Kann nichts deutsch.« Ihre Stimme ist fast unhörbar leise. Sie schien sich wie ein Kind über das Geschenk aus England zu freuen und glaubte, daß es für den kommenden Namenstag, 26., St. Anna, bestimmt war. Sie bat, daß uns ihr Porträt und das Familienbildnis gezeigt werde.

V. N.

Neben dem Bett war das Original des Bildes, wovon Madame Nissen eine kleine Kopie besitzt und das in der Biographie wiedergegeben ist. Es stellt Mozart und seine Schwester am Klavier vor, das Bildnis der Mutter in einem Rahmen, und den Vater, der mit einer Geige in der Hand am Klavier lehnt.
Im Nebenzimmer über dem Sofa war der Stich (von Mansfeld), der nach allgemeiner Meinung, der der Sohn sich anschließt, Mozarts Züge am besten wiedergibt, von Madame Nissens Porträt abgesehen. Daneben hingen viele Porträts der großen Maler, worunter mir van Dyck und Rembrandt besonders auffielen. In einer anderen Ecke des Zimmers war eine Miniatur von ihr, eine andere von ihrem Sohn (der einige Ähnlichkeit mit Leigh Hunt hat) und eine Miniatur von Mozart.

In der Mitte des Zimmers stand das Instrument, worauf sie oft mit dem Bruder vierhändig gespielt hatte. Es ist eine Art Cembalo mit schwarzen Tasten für die ganzen und weißen für die halben Töne, wie bei englischen Kirchenorgeln. Der Umfang reicht vom F,,, bis F‘‘‘ und das Instrument ist offenbar vor der Erfindung der zusätzlichen Tasten gebaut worden[57]. Der Ton war weich und manche Bässe, namentlich die beiden C und C,,, waren sehr schön. Zur Zeit, da es gebaut wurde, galt es wirklich als ein ausgezeichnetes Instrument. Ihr könnt euch denken, daß ich mit großem Interesse die Tasten berührte, die von Mozarts Fingern niedergedrückt worden waren. Auch Mozarts Sohn schlug mit sichtlicher Freude ein paar Akkorde an. Die Tonart, die er wählte, war c-moll und so kurz auch war, was er spielte, zeigte es doch den vollkommenen Musiker. Auf dem Tisch lagen zwei Musikstücke, die letzten, die Mozarts Schwester gespielt hatte, ehe sie vor sechs Monaten das Bett aufsuchen mußte. Das eine war »O cara armonia« (»Das klinget so herrlich«) aus der Oper ihres Bruders »Die Zauberflöte« und das Menuett aus seinem »Don Giovanni«. Das war für mich der rührendste Beweis ihrer schwesterlichen Anhänglichkeit und ihrer Vorliebe für seine unnachahmlichen Werke.

Etwa zwei Tage vor unserer Ankunft wünschte sie, ans Klavier getragen zu werden. Sie fand, daß sie mit der rechten Hand noch etliche Passagen spielen konnte, mit der linken jedoch konnte sie die Tasten nicht mehr herabdrücken und es war offenbar, daß sie jede Kraft auf der linken Seite verloren hatte.

Als wir diese verehrungswürdige und interessante Frau verließen, konnten Mary und ich uns nicht enthalten, ihre schwache, abgezehrte Hand mit zarter Ehrfurcht zu küssen; wir wußten, daß wir sie nicht wiedersehen würden.

Ich fürchte, daß es bei ihrer gegenwärtigen Schwäche nicht mehr lange währen kann – aber wenn die Stunde kommt, der schließlich kein Lebender entgeht, kann ich nur hoffen, daß ihr alles Leiden erspart bleibe und sie ruhig zu atmen aufhört, als sänke sie bloß in ruhigen Schlaf.

Ich war besonders erfreut von der respektvollen und gütigen Herzlichkeit, die Mozarts Sohn ihr bezeigte, indem er sie wiederholt »meine liebe Tante« nannte und alles tat, um ihre Wünsche zu erfüllen.

M. N.

Nach dem Besuch blieb der Sohn bei uns zum Mittagessen. Er gewinnt bei näherer Bekanntschaft und ist ein ruhiger und angenehmer Mann. Er lebt in Polen und besucht seine Mutter nur einmal in drei oder vier Jahren, so daß wir uns glücklich schätzen müssen, ihm begegnet zu sein. Er sieht Henry Nyren ein wenig ähnlich, nur ist sein Kopf größer und die Nase hat er von seinem Vater. Er sagte mir, daß Gall über seinen Schädel sehr erstaunt war[58], der wirklich bemerkenswert ist. Er spricht mit Begeisterung von seinem Vater, obwohl er erst fünf Monate alt war, als Mozart starb, und sagt, man erwarte zu viel von ihm, so daß ihm der Name zu einer Bürde geworden sei. Er klagt über das Stundengeben und sagt, es zerstöre alle Ideen, die wert wären, zu Papier gebracht zu werden.

V. N.

... sehr gemäßigt, trinkt selten Wein, bevorzugt das einfachste Essen und bestellte das gewöhnliche Hausbrot, das ihm lieber war als das weißere und feinere ... bei seiner Mutter nahm er keinen Kaffee, sondern eine Art dicker, geronnener Milch. Nach dem Essen hatte ich das Vergnügen, mit Mozarts eigenem Sohn die folgenden drei Toaste zu trinken: die unsterbliche Erinnerung an Mozart, Mozarts Witwe, Joseph Haydn und alle anderen Freunde Mozarts.

Frage: Wer waren Mozarts engste und beste Freunde unter den Musikern und welche wußten das unvergleichliche Genie am vollkommensten zu würdigen?

M. N.

Er meint, Haydn sei der größte Verehrer seines Vaters gewesen.

V. N.

Er sprach in hohen Tönen von Haydn – war ihm nie begegnet ohne zu weinen. »Sieben letzte Worte« und Vokalquartette und Terzette. Haydn sagte ihm, die Londoner Reisen hätten für ihn keinen Zweck gehabt, wenn Mozart zuerst hingegangen wäre (wie Salomon wünschte), denn nach Mozarts Werken hätte nichts getaugt. Haydn besuchte sie oft und erklärte wiederholt, Mozart sei das größte musikalische Genie gewesen, das je gelebt.

M. N.

Am Nachmittag hatten wir Kaffee bei Madame. Bei unserer Ankunft war sie in ihrem Garten, der auf halber Höhe wunderbar gelegen und voller Blumen und Weinranken ist, mit Bänken, die vielleicht die schönste Aussicht der Welt gewähren – die hübsche Stadt, Schloß und Kirche zur Linken, die im Frühjahr mit Schnee bedeckten Berge und die Salzach in ihrem wunderbaren Tal. Sie empfing mich sehr herzlich und beantwortete meine zahllosen Fragen mit der größten Bereitwilligkeit, drängte uns, ein paar Tage länger in Salzburg zu bleiben und versprach als Verlockung, uns auf einem Ausflug in die Umgebung zu begleiten. Sie hatte ein paar französische Zeilen in unser Album geschrieben [59] und gab uns überdies eine Locke von Mozarts Haar. Sie sagte, sie hätte wenig davon übrig, aber das Wenige wollte sie mit Vincent teilen.

V. N.

Die Witwe hat nur sehr wenig von Mozarts Haar übrig, aber sie war so gütig, mit uns zu teilen (was ich als ein sehr großes und schmeichelhaftes Kompliment schätze). Sie nahm dafür eine kleine goldene Busennadel an, die ich viele Jahre lang getragen habe und die zu meiner Befriedigung die ehrenvollere Bestimmung erhielt, ein Schmuckstück an ihrem Halsband zu werden.

M. N.

Sie sagte uns, daß Mozart ihr jede fertiggestellte Oper brachte und sie bat, sie zu lernen. Er spielte und sang sie dann mit ihr, so daß sie nicht nur die Musik, sondern auch die Texte auswendig kannte, aber besonders eine Arie aus »Idomeneo« hörte er gerne von ihr und darum war sie auch Madames Lieblingsarie, »Se il Padre perdei«. Die glücklichste Zeit seines Lebens waren die Tage, da er in München »Idomeneo« schrieb. Darum bewahrte er diesem Werk eine besondere Vorliebe.

V. N.

Die Witwe schien erfreut darüber, daß ich so viele Stücke aus seinen Opern zitierte – »O, ich sehe, Sie kennen sie alle auswendig, so wie ich«. Sie kennt sowohl die Texte wie die Musik. Sie sagte mir, daß »Non so più« aus dem »Figaro« ein Lieblingsstück Mozarts war, wie auch »Riconosci a questo amplesso«.

Sie bemerkte, daß in »Di scrivermi« aus »Così fan tutte« (wovon ich erwartete, daß es eines seiner bevorzugten Stücke gewesen sei) man sich leicht die Schluchzer und Tränen der Beteiligten vorstellen könne, und wies auf die außerordentliche Differenziertheit der Melodien hin, die er den verschiedenen Personen zugewiesen und wie sie jeder von ihnen gemäß seien – daß es in der Geistermusik des »Don Giovanni« Stellen gäbe, die einem die Haare zu Berge stehen lassen. Sie hat für die Fabel von »Così fan tutte« wenig übrig, gab mir aber darin recht, daß eine solche Musik jedes Stück retten würde ...

Frage: Las er gerne und welche Art von Lektüre zog er vor, Gedichte, Prosa, Erzählungen oder Geschichte?

M. N.

Mozart las gerne und kannte Shakespeare in der deutschen Übersetzung. Einer seiner Lieblingsautoren ist in ihrem Besitz, und sie liest fleißig darin, es ist ein neunbändiges Werk, aber sie sagte uns nicht, was es war, da es in den österreichischen Staaten verboten ist. – Ich habe den Verdacht, daß es eines von den revolutionären französischen Werken ist.

Frage: Beherrschte er außer dem Pianoforte noch ein anderes Instrument? Spielte er die Orgel oder begleitete er seine eigenen Messen? In welchen Kirchen?

V. N.

Die Witwe sagte mir, daß die Orgel Mozarts Lieblingsinstrument gewesen sei – er spielte sie mit unvergleichlicher Fertigkeit.

M. N.

Er spielte die Orgel in Salzburg und Wien, in den Domkirchen beider Städte – die Orgel war sein Lieblingsinstrument.

Frage: Welche Unterhaltung liebte er am meisten, wenn er Entspannung von seinen strengen Studien, vom Komponieren und von anderer beruflicher Arbeit suchte?

Pflegte er morgens früh aufzustehen und komponierte er im allgemeinen spät nachts oder früh am Morgen?

M. N.

Es ist offenbar, daß Überarbeitung den frühen Tod Mozarts herbeigeführt hat. Er konnte sich nie ganz von seinen musikalischen Gedanken losreißen. Er spielte sehr gern Billard, aber er komponierte während des Spiels, und wenn er sich mit seinen Freunden unterhielt, arbeitete doch sein Geist fort.
Not und Pflicht erzeugten diese Gewohnheit, die seinen Körper erschöpfte und seinen Tod herbeigeführt haben würde, hätte ihn nicht das Fieber plötzlich dahingerafft.
Madame bestätigte, daß sie die ganze Nacht bei ihm saß, während er die Ouvertüre zu »Don Giovanni« schrieb.
Er komponierte oft bis 2 Uhr und stand um 4 Uhr morgens auf, eine Anstrengung, die zu seinem Tode beitrug.
Gegenwärtig steht sie morgens zu derselben Zeit auf, geht aber, wie der Sohn sagt, mit den Hühnern zu Bett.

Frage: Aus welchem Anlaß entstand »Davidde Penitente« und welche Sätze waren ursprünglich für eine Messe bestimmt?

V. N.

»Davidde Penitente« wurde als große Messe geschrieben, in Erfüllung eines Gelübdes anläßlich ihrer glücklichen ersten Niederkunft, die ihn mit großen Sorgen erfüllt hatte. Diese Messe wurde im Salzburger Dom aufgeführt und Madame Mozart selbst sang alle Solopartien [60]. Mozart hielt von dem Werk so viel, daß er später verschiedene Ergänzungen vornahm und einen neuen Text unterlegte, um es zu einer Kantate oder zu einem Oratorium umzuarbeiten, denn »Kantate« wäre eine zu bescheidene Bezeichnung für ein so vollkommenes Meisterwerk.

M. N.

Der Sohn sprach mit großer Begeisterung von der Musik seines Vaters und spielte Vincent einiges vor. Er sagte, es habe viele gute Musiker gegeben, aber – mit Verlaub – nur einen Mozart, der der Shakespeare der Musik sei – (ein Ausdruck, den Vin oft gebraucht) . . . Madame Mozart bedauerte, daß ihr Sohn eine so lässige Natur sei – sein Vater war die Sanftmut selbst, aber voller Energie und Lebhaftigkeit. Ich fragte sie, ob sie nicht ihre eigene Lebensgeschichte schreiben wolle – Nein, sagte sie, es sei zu ermüdend, über sich selbst zu schreiben – es wäre anders, wenn sie diktieren könnte, es gäbe einige interessante Einzelheiten zu erzählen.
Sie sagte, er sei plötzlich gestorben, wenige Augenblicke vorher habe er heiter geplaudert und kurz darauf war er tot – sie konnte es gar nicht glauben, sie warf sich auf das Bett, um an dem gleichen Fieber zu sterben, aber es

war ihr nicht bestimmt. Es gab Zeiten, sagte sie, da sie nicht bloß aufrichtig wünschte zu sterben, sondern da sie ihre Kinder nicht lieben konnte und ihr alles in der Welt verhaßt war, aber sie lebe immer noch und habe all das Leid überstanden. Mozart starb nicht allein mittellos, sondern hinterließ einige Schulden. Als sein jüngster Sohn 13 Jahre alt war, gab er ein Benefizkonzert, dessen Ertrag den Gläubigern zufiel – wie wenige andere als die Witwe und das Kind des Meisters würden das Geld nach so langer Zeit einem solchen Zweck zugeführt haben, denn es müsse nicht vergessen werden, daß sie nichts besaßen als eine kleine Pension vom österreichischen Kaiser – alle Opern Mozarts seien verschenkt oder gestohlen und alle übrige Musik für billiges Geld verkauft worden.

Sie sagte, Herr Nissen sei ein ebenso liebenswerter Mann gewesen wie Mozart, sie könnte nicht sagen, welcher von den beiden gütiger zu ihr gewesen sei, sie hätte gewünscht, für beide leben zu können ... Die Biographie hatte den Zweck, eine kleine Summe für die beiden Söhne zu verschaffen, die Kosten seien aber leider noch nicht hereingebracht ... Es ist ihm in Wien kein Denkmal errichtet worden; obwohl der Kaiser 1000 fl. zur Verfügung gestellt hat, konnte bisher keine hinreichende Summe aufgebracht werden und das zeuge von der Begeisterung der Wiener für gute Musik.

Der Kaiser fragte ihn, warum er keine reiche Frau geheiratet habe – er antwortete, er hoffte, mit seinem Genie immer genug verdienen zu können, um die Frau zu erhalten, die er liebte. Er sagte ihr oft, er wüßte nicht, was mit einer reichen Frau zu beginnen – sie würde ihn völlig in Anspruch genommen haben und er hätte seine

Kompositionen vernachlässigen müssen. Er verglich sein Eheglück oft mit dem der Brüder Haydn, Joseph und Michael. »Niemand ist mit seinem Weibe so glücklich wie ich«, rief er dann aus.

V. N.

Die Schwester von Mozarts Witwe saß neben uns, sein Porträt hing nahe bei uns an der Wand über dem Klavier ...

Urteile von Mozarts Sohn: er bevorzugte diejenigen von seines Vaters Kompositionen, die er mir zuletzt vorgespielt hatte, die c-moll-Phantasie und das a-moll-Rondo ... Die c-moll-Phantasie war für Madame geschrieben, das a-moll-Rondo hatte keine Widmung, war aber eines seiner Lieblingsstücke.

Mozarts Sohn sagte, er halte das Finale der Symphonie in C – die Salomon »Jupitersymphonie« getauft hat – für den höchsten Triumph der Instrumentalkomposition, und ich stimme ihm zu.

Ich erwähnte die sechs Quartette, und er sagte, sie allein schon hätten seinen Vater unsterblich gemacht.

Obwohl einige Arien aus »Idomeneo« recht altmodisch sind, hielt er doch manche Stücke daraus für ebenso gut wie irgend etwas, was sein Vater geschrieben.

Mozarts Sohn besitzt acht oder neun Messen seines Vaters und versprach, mir einen thematischen Katalog zu senden. Ich hoffe, einige darunter zu finden, die ich selbst noch nicht habe. Er hat auch Entwürfe für Messen und anderes in Mozarts Handschrift und versprach auch hiervon ein Verzeichnis. Er spielte mir das Thema einer vierstimmigen Motette in F (und sang dazu mit einer ange-

nehmen, weichen Tenorstimme), die, wie er sagte, eine köstliche Komposition sei. Er schrieb das »motivo« für mich nieder und sagte, ich könnte ein Exemplar wahrscheinlich von Breitkopf bekommen.
Ich bemühte mich, ihn zur Veranstaltung einer Gesamtausgabe der Werke seines Vaters zu überreden, die nach seinem Tod in der deutschen Nationalbibliothek oder im Britischen Museum hinterlegt werden könnte als das schönste Monument für das Genie seines Vaters und als eine Sammlung authentischer Dokumente zum öffentlichen Gebrauch und zur ewigen Bewunderung der ganzen musikalischen Welt.
Ich schmeichle mir, daß meine Bemühungen einiges Gewicht bei ihm zu haben schienen. Sollte er die Gesamtausgabe je unternehmen, wie ich ihm nahegelegt, dann wünsche ich ihm herzlich allen Erfolg für diese beneidenswerte Aufgabe, die ihn, seinen unsterblichen Vater und seine Heimat ehren wird, deren glänzendste Zierde dieser Vater ist.
... lernte etwas englisch, aber als er zur Aussprache des »th« kam, gab er es auf.
Er liebt die deutsche Frakturschrift und hält es für das beste, daß jede Sprache ihre Eigenheiten bewahre, sonst gäbe es schließlich keine Unterschiede und keine Originalität der Charaktere.
Er glaubt, er hätte etwas erreichen können, wenn er ermutigt worden wäre – nun sei es zu spät. Die Witwe sagte mir, er brauche Ermutigung. Sein älterer Bruder in Mailand, der Mozarts Klavier besitzt, ist ein besserer Pianist und hat eine große und natürliche Begabung für alles, was er unternimmt.
Am Nachmittag ging ich Arm in Arm mit ihm spazieren

und hatte nachher das Vergnügen, Mozarts Witwe zu begleiten. Sie ging zwischen Mary und mir und hielt uns am Arm. Er sprach sehr zärtlich von seiner Mutter (seinen Vater hat er leider nicht gekannt) und von Herrn Nissen, der ihn wie seinen eigenen Sohn aufgezogen hatte und dem er alles schuldete, wie er sagte.

M. N.

Als ich bemerkte, daß seine Mutter um vieles jünger aussehe als sie war, sagte er, es müsse zugegeben werden, daß sie vorzügliche Eigenschaften besitzen müsse, um die Achtung zweier solcher Männer zu genießen ... sie ist wirklich eine entzückende Frau. Als wir aufbrachen, begleitete sie uns auf einem kleinen Spaziergang – und siehe, Vin und ich stützten Mozarts Frau. Es war eine wunderbare Belohnung für meinen lieben Vin, nach all den Bemühungen um Mozarts Musik diesem lebendigen Zeugen des göttlichen Mannes seine Ehrerbietung zu erweisen. Unser Spaziergang war höchst genußreich. Die Bewohner von Salzburg zeigen große Verehrung für sie, obwohl sie ihr schönes Heim und ihren schönen Garten nur selten verläßt, wo sie die frische Luft ohne Mühe genießen kann. Sie zeigte uns die alte Reitschule, die eigenartig aus dem Fels ausgehauen ist, und ein Stadttor, Maximilianstor genannt, das wie eine Grotte durch den Felsen führt und an den Posilippo bei Neapel erinnert. Es ist nachts beleuchtet und so breit, daß es zwei Wagen nebeneinander faßt.

M. N.

Mozart mißfiel besonders die Hast, womit manche Orchester seine Opern begleiteten und Madame glaubt, daß sie jetzt im allgemeinen verdorben seien, weil sie immerzu angetrieben werden und jeder Ton zu kurz gespielt werde; manche Bläser klingen nur wie ein Hauch und machen keinen Effekt.
Madame sagt, sie könne weder »Idomeneo« noch das Requiem hören. Nachdem sie zuletzt »Don Giovanni« gehört, war sie vierzehn Tage ruhelos. Sie glaubte, daß die Opern in Prag am besten aufgeführt worden seien und manchmal auch in Wien, aber nun sei keine Gelegenheit, Mozarts Opern zu hören, solange die italienischen Sänger im Lande wären. Erst wenn sie abreisten, würden sie aufgeführt. Der Sohn meint, wir brauchten es nicht sehr zu bedauern, wenn wir Prag nicht besuchten, denn es gäbe dort nur wenige, die sich an seinen Vater erinnerten und wir würden sie kaum finden. Das Orchester könnte noch die beste Auskunft geben.

V. N.

Donnerstag, 16. Juli, 7 Uhr morgens. Wir hörten das Hochamt in der Kirche in der Nähe des Hauses, wo Mozarts Witwe wohnt; sie gehört zu einem Nonnenkloster, das dem »Nonnberg« den Namen gegeben hat. Hier ist es, wo Mozarts Witwe oft die Messe um 7 Uhr morgens hört. Ich glaube, sie ist ein Frühaufsteher. In der Tat sagte sie mir selbst, daß sie im allgemeinen um 4 Uhr morgens aufsteht, um die frühe Sonne über der wunderbaren Landschaft vor ihrem Haus und Garten zu genießen.

Gestern morgen hat sie mir gesagt, daß der Chor eine von Mozarts Messen in B-dur aufgeführt hat (vermutlich Nr. 7 oder Nr. 10 in meiner Ausgabe), aber ich bedauere nicht, die Aufführung versäumt zu haben, denn sie fügte hinzu, die Aufführung sei so unbefriedigend gewesen, daß sie die Messe kaum als ein Werk Mozarts erkennen konnte.

Der Gottesdienst begann mit einem kurzen Vorspiel auf der Orgel in A-dur, um die Tonart der Messe anzugeben. Der Stil war bescheiden und die Aufführung angemessen.

Nach der Messe wurde eine Motette gesungen, die offenbar von einem viel älteren Meister stammte. Sie stand in F-dur und ihr alter Kirchenstil erinnerte an Palestrina. Sie zeichnete sich mehr durch schöne Akkordik und Kirchenharmonien aus als durch Melodie. Sie schloß mit meiner lieben plagalen Kadenz.

Nach dem Gottesdienst sprach ich den Mann an, der die Noten nach Hause trug und hörte von ihm, soweit ich seinem in rasender Geschwindigkeit prestissimo gesprochenen Deutsch entnehmen konnte, daß die Messe von Deitroffer (?) stamme. Auf meine Frage, ob ich ein Exemplar kaufen könnte, schüttelte er den Kopf und sagte, die Messe sei nie veröffentlicht worden und die Handschrift gehöre der Musikbibliothek des Klosters. Ich hätte gerne ein Exemplar dieser Messe besessen, um ihrer natürlichen Melodien und ihrer reinen, eleganten Einfachheit willen.

Salzburger Dom, Messe, 9 Uhr.

Der Gottesdienst begann mit der Prozession, wobei das Sakrament unter einem Baldachin getragen wurde, umgeben von Priestern, die eine gregorianische Hymne san-

W. A. Mozart Gemälde von Joseph Lange

gen. Ein schöner Effekt wurde dadurch erzielt, daß die Chorsänger dann und wann innehielten, ehe sie ihre feierlichen Strophen wieder begannen. Es wurde nur von Männerstimmen ohne jede Begleitung gesungen.

Das Orchester war auf der Galerie rechter Hand aufgestellt, die nahe dem Altar von einem der Pfeiler getragen wird, auf denen die Kuppel ruht. Es bestand aus zwei ersten, einer zweiten Geige, Viola und Baß (kein Cello), drei Posaunen (Alt, Tenor und Baß) und der Orgel. Es sind sechs Orgeln: eine an jedem der vier Pfeiler unter der Kuppel, eine kleine (gewöhnlich Positiv genannt, einem Schrank ähnlich) im Chor, nicht weit vom Altar, und eine große Orgel über dem Westeingang, die bei dieser Gelegenheit unbenutzt blieb und für die hohen Feste bestimmt zu sein scheint, wenn ein größeres Orchester benötigt wird.

Der Ton der Orgel, die heute gespielt wurde, war süß, besonders die beiden Diapasone. Dem »forte« gebricht es zwar an Wucht und Kraft, besonders in den tiefen Baßtönen, aber sie klingt nicht so scharf und uneben wie die Orgeln, die ich bisher gehört habe. Der Organist war ein unauffälliger, beachtenswerter Spieler. Er begleitete die Stimmen sorgfältig und leitete jeden Satz der Messe mit ein paar Akkorden ein, um die Tonart anzugeben. Vor dem Evangelium spielte er ein kleines Zwischenspiel in fugiertem Stil auf ein angenehmes Thema. Es war so gut verarbeitet und so regelmäßig und symmetrisch in der Anlage, daß, wenn es eine Improvisation war, es ihm sehr zur Ehre gereichte.

Der Chor bestand aus sechs bis acht Stimmen mit einem Dirigenten, aber sie waren nicht sehr wirkungsvoll, denn sie wurden vom Orchester übertönt, das durchaus zu laut

spielte, besonders an den leisen Stellen, die Delikatesse verlangten. Die besten Spieler waren die drei Posaunisten, die einen schönen Ton hatten und viel zu dem allgemeinen Effekt beitrugen. Der nächstbeste war der Kontrabassist. Er war ein Priester und es schien mir neu und eigenartig, dieses Instrument von einem Manne in einer Sutane und anderen priesterlichen Kleidungsstükken gespielt zu sehen, aber sie schienen ihn bei der Bogenführung durchaus nicht zu stören.
Die Responsorien wurden von den Stimmen allein gesungen und waren dieselben, die ich vorher in der Klosterkirche gehört hatte, nämlich einfach Tonika und Subdominante, die den plagalen Schluß bilden.
Die Knabenstimmen waren reizend und sangen völlig rein. Die Wirkung des Diminuendos und des langsamen Ausklingens am Ende jeder Antwort war wunderbar und kirchlich. In den begleiteten Partien des Gottesdienstes war zu viel Resonanz und Nachhall von der Kuppel, wodurch die Akkorde ineinander flossen und die Klarheit der Harmonien zerstört wurde.
Ich muß gestehen, daß ich enttäuscht war, in seiner Vaterstadt nicht eine einzige Komposition von Mozart gehört zu haben.
Während der Benediktion verließen die Sänger die Orgelgalerie und stellten sich nahe dem Hochaltar auf, wo sie zur Begleitung des vorerwähnten Positivs eine kurze Motette sangen.
Es gab kein Nachspiel, und der ganze Gottesdienst war in etwa 40 Minuten beendet.

M. N.

Die Stadt ist wirklich herrlich und war zur Zeit des elenden, niedrig gesinnten Erzbischofs, der Mozart so übel behandelt hat, in fürstlichem Glanz gehalten – nun aber sind viele Häuser unbewohnt und eilen ihrem Verfall entgegen. Die Lage ist wunderbar und übertrifft bei weitem die schönsten Landschaften am Rhein, da viele Berge mit ewigem Schnee bedeckt sind, und die Burg, die die Stadt beherrscht, besser erhalten ist als der Rheinfels oder Ehrenbreitstein. Die Peterskirche, wo Michael Haydn begraben ist, besitzt einige gute Bilder und sein Grabmal ist sehenswert. Der Friedhof ist sehr malerisch, eine Reihe kleiner Kapellen mit Grabmälern sind an den Felsen angebaut, der furchterregend jäh aufsteigt als drohte er, eines Tages herabzustürzen.

V. N.

Inschrift auf Michael Haydns Grabmal in der Peterskirche zu Salzburg:

Michaeli / Haydn / Nato Die 14 Sept. / 1737 /
Vita functo / die 10 Augt / 1806

Die Titel von 20 geistlichen Werken, die er für diese Kirche geschrieben hat, sind auf Schriftrollen am unteren Teile des Grabmals zu sehen.

Er war geboren und starb in einem kleinen, weißen Hause, das sehr schön in der Nähe der Kirche gelegen ist (an der er viele Jahre lang Organist gewesen), mit dem senkrechten Granitfelsen und Bäumen als Hintergrund und der Burg auf dem Berggipfel[61].

M. N.

Ich wünsche, ich könnte Salzburg beschreiben, um euch eine Vorstellung davon zu geben, aber ich fürchte, daß es unmöglich ist, denn es ähnelt keinem anderen Ort. Der Fluß Salzach, der der Stadt den Namen gegeben hat, fließt mit großer Geschwindigkeit zwischen gewaltigen Bergen, aber die Stadt liegt nur teilweise am Fluß und dehnt sich zur Rechten aus und nach einem höchst romantischen Tal hin, das von übereinander getürmten Felsen eingeschlossen ist, die einen kahl, die anderen mit dunkler Vegetation bestanden und die höheren und entfernteren mit Schnee bedeckt, der bei Sonnenauf- und -untergang das Licht in prächtigen Farben zurückwirft, während zu anderen Zeiten die Wolken wie Kränze um ihre Häupter schweben. Die bedeutendsten Berge heißen Untersberg, Watzmann, Teufelshorn, Kapuziner- und Nonnberg, welch letzteren die Feste krönt; auf halber Höhe liegt Madame Nissens Haus. Das Ganze gleicht einem unermeßlichen Panorama und von ihren Fenstern sieht man die schneebedeckten Spitzen und man kann sich denken, welch eine Rundsicht sie hat. Im Winter hat sie eine Wohnung am Platz in der Stadt.

V. N. Salzburg Dom – 2 Uhr nachmittags.

Ich erwartete, daß die Vesper zu dieser Stunde beginnen würde und kam pünktlich, fand aber den Orgelstimmer bei der Arbeit an der großen Orgel über dem Westeingang. Die Orgel ist nicht gut, der Ton ist summend und gepreßt wie ein schlechtes Fagott oder eine schlechte Geige.

Ich machte einen Rundgang durch das Gebäude und konnte das Positiv näher untersuchen. Der Umfang reicht vom E' im Baß bis C'' im Violinschlüssel. Es hat eine Pedaloktave aber keine Diapasonpfeifen. Auf dem Pult lag ein alter Pergamentband gregorianischer Melodien.
Der Geistliche, der am Morgen die Baßgeige gespielt hatte, trat aus der Sakristei, um sein Instrument zu stimmen. Er schien ein ehrlicher Liebhaber der Töne zu sein, die eine geschickte Hand dem edlen Instrument entlocken kann. Er brachte darauf ein paar sehr schöne, leise und volle Töne hervor, ehe er es stimmte, und wie er sich darüber beugte, schien er in seine vollen, runden, tiefen Töne ganz verliebt zu sein und ließ nicht ab, ehe er das Instrument nicht völlig in Ordnung gebracht hatte.
Die Chorknaben, deren es etwa ein Dutzend gab, trugen Spitzhüte wie die Knaben der Chapel Royal in England.
Der Gottesdienst begann um 1/24 Uhr. Unter der Kuppel stand ein Katafalk mit einer Mitra und es schien sich um einen Gedächtnisgottesdienst für einen hohen geistlichen Würdenträger zu handeln. Das Bild am Hochaltar war mit schwarzem Tuch verhangen und die Kleriker trugen Gewänder wie ich sie in England bei Totenmessen gesehen habe.
Nachdem der Chor einige Psalmen rezitiert hatte, wobei je eine Hälfte je einen Vers übernahm – wie die Dekane und Kantoren in unseren Kathedralkirchen – folgten Versikel mit schönen Responsorien. Das Übrige war feierlich gregorianisch und in seiner Art vorzüglich, es war aber nicht, was ich in Mozarts Geburtsort erwartet oder gewünscht hätte. Ich hätte seine Vespern oder eine seiner meisterhaften Litaneien vorgezogen, namentlich

die in B-dur mit der wunderbaren Fuge »A pignus futurae«.

M. N.

Donnerstag. Um 4 Uhr kam Madame Nissen, um uns nach Aigen zu begleiten, einem reizenden Park auf der anderen Seite der Stadt. Wir stiegen den Kapuzinerberg hinan und genossen die schönsten Aussichten, die im Park selbst noch übertroffen wurden, wo an den schönsten Punkten Bänke stehen; ein Bergbach stürzt zwischen Felsen aus großer Höhe herab und bildet einige Wasserfälle, die man auf einfachen Brücken überschreitet.

V. N.

Mozart und seine Frau lebten zwölf Monate lang miteinander in Salzburg[62], er liebte die malerische Landschaft, besonders die romantische Anlage von Aigen, die nun dem Fürsten Schwarzenberg gehört und die wir mit ihr zu besuchen das Vergnügen hatten. Wir wanderten Arm in Arm mit ihr an denselben Plätzen, die sie mit Mozart besucht hatte. Wenn er nicht ein begeisterter Bewunderer der Natur gewesen wäre, hätte er seine Werke nicht schreiben können. Er liebte besonders Blumen, wie auch seine Witwe – sie brachte Mary einen herrlichen Strauß aus ihrem Garten. Es steht ein kleines Sommerhaus darin, worin sie oft viele Stunden lesend verbringt ... Mozart liebte das Land und war ein leidenschaftlicher Verehrer alles Schönen in der Natur – er liebte kleine Ausflüge und verbrachte viel Zeit außerhalb der Stadt.

M. N.

Sie mag Italien nicht leiden, das steht fest, und alle Reisenden berichten Übles von den Italienern. Sie sagt, sie hätten Rossini verdorben und man höre nichts als seine Opern. Der Sohn sagte, glaube ich, das Richtige: Rossini könne kein Mann von Gefühl sein, sonst hätte er nicht in jungen Jahren ein altes Weib ohne jeden Reiz geheiratet, nur um des Geldes willen -- aber so seien nun einmal die Italiener, die mit der größten Heftigkeit applaudierten, obwohl sie niemals richtig sang und einmal durchaus einen halben Ton zu tief war [63].

Madame sagte, daß zu seinen (Mozarts) Lebzeiten die italienischen Sänger erklärten, sie könnten seine Musik nicht singen, aber nach seinem Tode seien alle seine Werke ohne Schwierigkeit aufgeführt worden. Mozart schrieb nie solche instrumentale Schwierigkeiten für die Stimme wie seine Nachfolger, die die Sänger mechanisch herunterleiern müssen; trotzdem beklagten sie sich, daß seine Stücke unmöglich für die Stimme waren. In der Tat wird ihre Unkenntnis bloßgestellt, denn seine Musik braucht mehr Studium als ihre Trägheit und Dummheit aufzubringen vermag.

Mozarts Sohn äußerte sich sehr scharf gegen die italienischen Sänger und sagte, er habe oft solche begleiten müssen, die nicht einmal eine Tonart angeben konnten. Er spottete über die Catalani und ihre 15 Lieder und erzählte uns, sie habe einmal von Spontini verlangt, er solle die Partitur einer Mozartschen Oper ändern, worauf er sehr richtig antwortete: »Halten Sie mich für einen Narren [64]?«

V. N.

Madame sprach von Cherubini als Musiker und Mensch mit uneingeschränktem Lob. Er sei ein großer Bewunderer Mozarts und studiere immer seine und Haydns Partituren – Rossini tue das Gleiche, aber ohne sichtbaren Erfolg, er habe gute Einfälle, aber habe nichts gelernt.

M. N.

Sie hält die »Vestalin« für Spontinis bestes Werk, er sei aber so voll von Eigenliebe, daß er nur seine eigenen Opern aufführt, wenn er es irgendwie einrichten kann.
Der Sohn hält Spohr für den größten lebenden Künstler, obzwar er ihn gelegentlich »recherché« findet. Er hat nicht viel für Beethoven und Hummel übrig mit Ausnahme der frühen Werke des ersteren und der beiden Messen des letzteren.
Hummel war Mozarts Schüler, aber sie dachte nicht günstig von ihm und sprach von ihm mit Gleichgültigkeit.

V. N.

Auch Beethoven schätzt er (Mozarts Sohn) sehr hoch, besonders seine frühen Werke – er sagte sogar, Beethoven hätte mit seinen Instrumentalkompositionen seinem Vater gleichgestellt werden können, wenn er seine Neigung zu Schrullen und Überspanntheiten gezügelt hätte. Die Ouvertüre zu »Prometheus« gefiel ihm, nicht aber »Fidelio«. Er glaubte nicht, daß Beethoven für Vokalmusik oder Oper begabt war und hielt alle seine späteren Werke für überspannt ... immer würden dieselben

Passagen wiederholt und man wünschte ein Ende herbei; er kannte ihn sehr gut, aber Beethovens Benehmen war nicht sehr anziehend – er war im Grunde eine liebenswerte Natur und wurde bei näherer Bekanntschaft angenehmer und herzlicher; Beethoven schätzte die Werke seines Vaters sehr hoch.

M. N.

Weber[65] war ihr Vetter ... die Deutschen klagen über Webers Behandlung in England, obwohl er £ 2.000.– für eine einzige Oper erhielt, während Mozart von ihnen nicht einmal so viele Gulden für alle seine Opern bekam ... Mozarts Sohn schien ganz natürlicherweise darüber gekränkt zu sein, daß Weber und andere größere Erfolge hatten als sein Vater, obwohl sie vergleichsweise wenig geleistet haben. Er sagt, es könnte jeden Musiker abschrecken, wenn er eine italienische Sängerin sähe, die für ihr Repertoire von 15 Liedern, die sie auswendig kennt, an einem Abend mehr erhält als ein Musiker in einem Monat, und die dabei so unwissend ist, daß sie die eine Tonart von der anderen nicht unterscheiden kann.

V. N.

Weber – seine einzige Oper ist der »Freischütz«, hoch bezahlt, seine Familie versorgt, in ganz Deutschland – aber Mozarts Familie hat nichts.

M. N.

Mozarts Sohn meint, Bachs Vokalkompositionen seien trocken, aber er bewundert seine Fugen.

Madame führte uns zum Grabe Herrn Nissens – es ist eine einfache Pyramide mit vier Inschriften und ist, wie gewöhnlich, von Blumen umgeben [66]. In derselben Kirche befindet sich auch das Grabmal des Paracelsus. Durch ein eigenartiges Zusammentreffen war der Mann der Schwester, die gegenwärtig bei ihr lebt und sehr liebenswürdig zu sein scheint, am gleichen Tage wie Herr Nissen gestorben, ein Umstand, der die beiden Schwestern einander näherbringen muß.
Madame spricht mit großem Vergnügen von der Kopenhagener Gesellschaft und von ihrem Aufenthalt dort, obwohl sie zweimal dort war, während die Engländer die Stadt angriffen. Sie scheint in Betreff der Biographie von dem Buchhändler übel behandelt worden zu sein, und der Stamm des Barabbas ist nicht auf England beschränkt; im Gegenteil hat offenbar in manchen Verhandlungen, die sie erwähnte, eine Kleinlichkeit geherrscht, deren sich jedes angesehene Londoner Haus geschämt haben würde.

V. N.

Messe am Nonnberg, Donnerstag, 7 Uhr morgens. Missa De Angelis, gregorianisch – zu kurz. Kein Orchester.
Kirche sehr alt – gotisch. Gute Wirkung der gemalten Glasfenster hinter der Statue der Jungfrau am Altar. Krypta unter dem Chor durch die Stufen sichtbar. Vergitterte Käfige für die Nonnen. Der Boden mit eigenartigen Steinen belegt. Seitenkapellen gegenüber den Beichtstühlen. Acht Bildnisse von weiblichen Heiligen an den Säulen des Chors – alte Gemälde.
Salzburger Dom. Ging um 9 Uhr hin in der Erwartung,

die hohe Messe zu hören – aber es gab weder Chor noch Orchester – nur Choräle von ein paar Priestern gesungen, nicht einmal von der Orgel begleitet. Am Geburtsort des wunderbarsten Komponisten, der je gelebt, ist die Musik tatsächlich in einem traurigen Zustand des Verfalls.

M. N.

Freitag, 17. Wir haben von Mozarts Witwe und Sohn Abschied genommen, aber ich hoffe, daß es nicht der letzte Abschied war. Wir gingen in ihre Stadtwohnung, um Mozarts Tintenfaß zu sehen – es ist in demselben Zustand, wie er es zurückgelassen hat, mit den Tintenflecken vom Requiem her.

V. N.

Sie bestätigte, daß er das Quartett in d-moll geschrieben habe, während sie mit ihrem ersten Kinde niederkam; gewisse Stellen, namentlich das Menuett (wovon sie uns etwas vorsang) deuteten ihre Schmerzen an.

M. N.

Etwa sechs Monate vor seinem Tod war er von dem Gedanken besessen, daß man ihn vergifte. – »Ich weiß, daß ich sterben muß«, rief er aus, »jemand hat mir Acqua Toffana eingegeben und hat den Tag meines Todes genau vorher berechnet – und dafür haben sie ein Requiem bestellt – ich schreibe es für mich selbst.« Seine Frau drang in ihn, es beiseite zu legen, da er krank wäre, sonst könnten ihm keine so absurden Gedanken kommen. Er war damit zufrieden und schrieb eine Frei-

maurerode, die die Gesellschaft, für die sie geschrieben war, so entzückte, daß er ganz stolz zurückkehrte. »Wüßte ich nicht, daß ich Besseres geschrieben habe, dann würde ich dieses für mein bestes Werk halten, aber ich will es in Partitur niederschreiben. Ja, ich sehe, daß ich krank gewesen sein muß, um einen so verkehrten Gedanken zu fassen, ich hätte Gift genommen. Gib mir das Requiem wieder, und ich will daran weiterarbeiten.« Aber ein paar Tage später war er so krank wie zuvor und von dem gleichen Gedanken befangen.
Kurz vor seinem Tode sang er mit Madame und Süßmayr das Requiem. Einige Sätze bewegten ihn zu Tränen. Er schrieb das Recordare und die Prinzipalstimmen zuerst und sagte: »Wenn ich das Werk nicht vollende, dann sind diese die wichtigsten Stellen«. Als sie geendet hatten, rief er Süßmayr zu sich und wünschte, daß die Fuge, die er am Anfang geschrieben hatte, wiederholt werden möge und zeigte ihm, wo und wie die anderen Stimmen eingefügt werden sollten, falls er stürbe ehe die Arbeit vollendet war. Auf diese Unterredung bezog sich Süßmayr als er später an Breitkopf in Leipzig schrieb, daß er die Prinzipalstimmen des Requiems geschrieben habe, aber Madame bemerkte richtig, daß nach den Skizzen und genauen Anweisungen Mozarts jedermann geschrieben haben konnte, was er geschrieben, und daß nichts, was Süßmayr vorher oder nachher geschaffen, von einem ähnlichen Talent Zeugnis gegeben.
Die Verunglimpfung des letzten Werkes von Mozart stammte von Weber, dem Direktor der Cäcilia[67] (kein Verwandter C. M. Webers), der auch ein Requiem geschrieben hatte, das aber nicht gefiel, da es nicht von derselben Art war wie das Mozartsche. Der Neid bewog

ihn, eine Vollkommenheit herabzusetzen, die ihm selbst nicht erreichbar war, aber das war nicht leicht, da die Leute über seine Bemühungen lachten. Darum verlegte er sich darauf zu behaupten, Mozart habe das Requiem nie geschrieben, und ließ sich darüber in seiner Zeitschrift aus. Es gibt immer genug neidische arme Teufel, die in das Geschrei gegen ein Genie einstimmen, das sie weder nachahmen noch schätzen können, und auch bei dieser Gelegenheit gab es Leute, die diesem Skribenten ein williges Ohr liehen. Vom Erfolg ermuntert griff er das Werk selbst an und bewies kurzerhand, daß es, als ein Werk Süßmayrs, keine Vorzüge besäße, ohne zu erwägen, wieso es denn kam, daß Süßmayr weder vorher noch nachher Ähnliches geschrieben hat.

V. N.

Frage: Kannte er die Werke des englischen Komponisten Purcell und die Oratorien von Händel? Begann oder beendete er Oratorien wie die Händels und was ist aus ihnen geworden?

Mozart war ein großer Verehrer Händels und kannte seine Werke, besonders die Oratorien sehr gut . . .
Der Sohn schätzte Händels Oratorien nach den Kompositionen seines Vaters am höchsten und sagte, er würde alle Partituren gekauft haben, wenn sie nicht so schwer zu bekommen und für einen Musiker wie ihn nicht so teuer wären.

M. N.

Er dachte daran, Oratorien im Stile Händels zu schreiben, aber es scheint, daß das Schicksal beschlossen habe,

Händel solle auf diesem Gebiet allein bleiben, indem es den einzigen hinwegnahm, der ihn hätte übertreffen können.

Frage: Was für eine Sprechstimme hatte er, hoch oder tief, laut oder leise? War seine Singstimme Alt, Tenor oder Baß – mächtig oder zart?

V. N.

Seine Stimme war ein Tenor, sehr leise im Sprechen und zart im Singen, aber wenn ihn etwas erregte oder er die Stimme heben mußte, war sie stark und energisch. Sein gewöhnlicher Ausruf war »Saperlott!« und gelegentlich konnte er mit dem Fuß stampfen, wenn er ungeduldig oder im Orchester nicht alles richtig war. Sie war mit ihm in der »Entführung«, als das Orchester das Tempo eines Stückes zu schnell nahm; da wurde er sehr ungeduldig und schrie das Orchester an, ohne die Zuhörer zu fürchten oder sich ihrer Anwesenheit inne zu werden. Es war nicht schwer, ihn zufriedenzustellen, und er war nicht wählerisch in bezug auf »les plaisirs de la table« ... sie hatte nie ernstlichen Streit mit ihm – er war von so milder Veranlagung, daß man nicht mit ihm streiten konnte ... einmal sagte er, sein Glück sei zu groß um dauerhaft zu sein.

M. N.

Sie erzählte, daß sie beide nach ihrer Heirat zu Besuch nach Salzburg kamen und das Quartett »Andro ramingo« (aus »Idomeneo«) sangen. Da wurde er von einer Gemütsbewegung so übermannt, daß er in Tränen ausbrach

und das Zimmer verlassen mußte, und es dauerte lange, ehe sie ihn beruhigen konnte.
Er liebte alle seine Opern, wenn sie vollendet waren und sagte oft: »Ich werde damit nicht viel Geld verdienen, aber ich bin zufrieden und das ist meine Belohnung«. Er wurde oft aufgefordert, etwas für das Volk zu schreiben, aber er lehnte es immer ab – »Ich kann nur schreiben, was mir selbst gefällt.«

V. N.

... er kannte »Amour propre« ... Kellners[68] Vortrag von »Madamina« aus »Don Giovanni« und einer Arie aus »Il Sacrificio d'Abramo« (von Giuseppe Blangini) rührte ihn (Mozarts Sohn) zu Tränen.
Mutter und Sohn schienen erfreut, als ich ihnen erzählte, daß John Cramer Mozarts Konzerte usw. häufig in öffentlichen Konzerten aufführt (Es-dur-Symphonie in seinem letzten Konzert). Sie hatten von seinem wunderbaren Klavierspiel gehört und ich konnte es ohne Einschränkung bestätigen.
(Ich erzählte ihm auch) von Latrobe und was er getan, um die Aufmerksamkeit des englischen Publikums auf die geistliche Musik von Mozart, Haydn und anderen deutschen Komponisten zu lenken.
(Mozarts Witwe) wünscht sich ein englisches Klavier, zu Mozarts Zeit waren die Instrumente nicht sehr gut.
(Sie) zeigte mir die erste Uhr, die ihm in Paris zum Geschenk gemacht worden war, und die er ihr als Hochzeitsgeschenk gegeben – es ist eine kleine Golduhr, die sehr gut geht, und obwohl sie seither mehrere andere erhalten hat, trägt sie doch nur diese (sie hatte sie eben nun

in ihrem Busen). Sie fragte mich scherzend: »Voulez-vous l'avoir?«
Sie zeigte mir auch das Tintenfaß, das ihm für die meisten Werke gedient hat, darunter »Figaro«, »Don Giovanni«, »Titus«, »Zauberflöte« und das Requiem. Sie hatte den guten Geschmack, es in dem Zustand zu bewahren, worin er es zurückgelassen, mit all den Flecken aus der Zeit, da er die letzte Seite schrieb, ehe er starb.
Diese interessante Reliquie besteht aus einer kleinen, dunklen, länglichen Marmorplatte, worauf das silberne Gefäß für die Tinte steht – es faßt etwa so viel wie ein Weinglas und hat die Form eines kleinen Bechers. Auf der gegenüberliegenden Seite ist ein Gefäß von derselben Form für Streusand und zwischen den beiden Gefäßen ist eine kleine silberne Glocke. An beiden Enden sind lyraförmige Fortsätze, um die Federn nach dem Gebrauch abzulegen. Da ich diese Reliquie offenbar bewunderte (denn sie ist eine Quelle, woraus die herrlichen Schöpfungen entsprungen waren), hatte Madame die Güte mich zu fragen, ob sie sie mir schenken sollte. Das Angebot war so verführerisch, daß ich zögerte zu sagen, es täte mir leid, sie eines Gegenstandes zu berauben, der ihr so teuer war; wenn sie aber ihr Angebot wiederholt hätte, dann hätte ich nicht widerstehen können anzunehmen, was mir ein unschätzbarer Besitz gewesen wäre – aber da weiter nichts davon erwähnt wurde, fürchtete ich, für zudringlich oder rücksichtslos zu gelten, wenn ich meine Bitte darum wiederholt hätte.
Ich beneide den endlichen Eigentümer dieses merkwürdigen Tintenfasses ebenso wie den Erben des Mozartbildnisses von Lange.
Die gedruckten Ausgaben von »Davidde penitente« sind

verfälscht, aber die Witwe hatte die Güte, mir ein schönes handschriftliches Exemplar des ganzen Werkes in Partitur zu besorgen, das vorher Mozarts Sohn gehört hatte – der letztere schrieb seinen Namen auf das Titelblatt und Mozarts Witwe und ihre Schwester taten ebenso, und mit diesen drei seltenen Autographen der Familie Mozart schätze ich den Band als eines der kostbarsten Manuskripte in meinem Besitz.
Mozarts Sohn schrieb ein reizendes kleines Terzett eigener Komposition in mein Album[69] und erwies mir die Freude, mein Siegel anzunehmen und zur Erinnerung an die große Befriedigung zu tragen, die mir seine Bekanntschaft bereitet hat.

M. N.

Madame sagte, daß Mozart von unserem Besuche sehr erfreut gewesen wäre, wenn er leben würde, und daß er Vin sehr gern gehabt hätte. Obwohl vielleicht nur ein Kompliment, war es doch angenehm zu hören und völlig gerechtfertigt, soweit es sich um Vins Verdienste handelt, die Mozart eher hätte würdigen können als sie. Wir ergingen uns in dem Gedanken an eine angenehme Geselligkeit, wenn wir uns in Salzburg hätten niederlassen und jeden Abend zusammenkommen können, um eine Oper von Mozart durchzuspielen. Der Gedanke schien Vin sehr zu gefallen.

V. N.

Sie mußte mir versprechen, mein Haus als das ihre zu betrachten, wenn sie nach London käme, was sie zum

Vorteile ihres Sohnes zu tun beabsichtigte, an dem sie sehr zu hängen schien. – Ich erwähnte Victoria und die anderen Kinder – sie erbot sich, Eduard zu sich zu nehmen und wie ihren eigenen Sohn zu halten, wenn er nach Salzburg käme. In der Tat hätte sie mir nicht mehr Freundschaft und gütige Herzlichkeit bezeigen können, wenn ich ihr leiblicher Bruder gewesen wäre.
Wir nahmen schließlich Abschied in der Erwartung, uns bald wiederzusehen, entweder in Salzburg oder in London, und mit dem gegenseitigen Versprechen, inzwischen häufige Briefe zu wechseln. Alles in allem gehören die drei Tage, die ich in Salzburg mit Mozarts Witwe und Sohn verlebt habe, zu den interessantesten und befriedigendsten meines Lebens[70].

Durch Österreich nach Wien

V. N. 17.–21. Juli

Freitag, 17. Juli. Verließen Salzburg um halb zwei, nach einem schönen Vormittag bei Mozarts ... und kamen um 5 Uhr in dem lieblichen Dorf ... an. Die Landschaft ist von derselben romantischen und reizenden Art wie die Umgebung der Stadt. Nach dem nächtlichen Regen war das Wetter freundlich und kühl, und nach den drei Tagen großen Vergnügens und hohen Genusses fuhren wir ruhig dahin wie in einem stillen Traum.
Erreichten Frankenmarkt um 8 Uhr (hübsches Dorf). Nachtessen (gebratenes Huhn und Salat, was unsere gewöhnliche Nahrung war) und gingen zu Bett. Bilder im Zimmer: Adam und Eva, Engel mit Madonna und Kind, Tizians Adonis.

M. N.

Unsere Reise von Salzburg in einer Retourkutsche war sehr angenehm. Das Leben in Salzburg ist äußerst billig und durch einen einzigartigen Zufall wurde uns dasselbe Zimmer zugewiesen, worin Madame und Herr Nissen wohnten, als sie zum erstenmal nach Salzburg kamen. Verbrachten die erste Nacht in Frankenmarkt, wo das Dienstmädchen mich damit belustigte, daß sie sagte, ich spräche besser deutsch als Vin; es ist schwer zu sagen, wessen Deutsch das schlimmere ist.

V. N.

Sonnabend, 18. Juli. Standen um 4 Uhr auf (herrlicher Sonnenaufgang), frühstückten und waren um ein Viertel vor 5 Uhr unterwegs. Sehr malerische, verstreute Häuser mit ausladenden Dächern, darunter Holz bis hinauf aufgeschichtet und so angeordnet, daß es die Fenster freiläßt, wie bei der Orgel am Westfenster des Salzburger Doms. Schöne Landschaft, wenn man von der rohen Brücke flußabwärts blickt. Bemerkenswert große, schöne Hunde hier, eine Art Jagdhunde. Walter Scott hätte sich mit diesen edlen Beispielen seiner Lieblingsrasse gefreut.
Eigenartige Schlagbäume, ein einziger Holzbalken quer über die Straße mit einem Gewicht an einem Ende, das ihn heben hilft. Die Straßenzölle in Deutschland scheinen geringfügig zu sein und es gibt nur wenige Zollschranken. Ich glaube, unser Postillon hat für unsere ganze Fahrt durch Deutschland nicht mehr bezahlt, als an der Brücke über den Ouse in York verlangt wird (jetzt mit Recht abgeschafft) oder am Zollhaus in Kingsland, wo man nach 6 Uhr abends fast 2 Schillinge bezahlen muß.
Zahlreiche hübsche Dörfer zwischen Salzburg und Lambach, wo wir um ½11 Uhr morgens ankamen und zu Mittag aßen, etwas früher als mondäne Leute in Grosvenor, aber viel vernünftiger. Während unser Huhn gar ward, schlenderte ich zur Kirche, wo eben der Gottesdienst im Gange war. Die Kirche ist bemerkenswert schön und hat einige gute Bilder, besonders die großen, links vom Hauptschiff.
An der Kirche entlang gegen Süden führt ein höchst malerischer Weg mit reizenden Aussichten auf die Win-

dungen eines Flusses, etwa von der Größe des Wye bei Chepstow, dessen Ufer ihm ähneln.

Das Land hinter Lambach ist flach und uninteressant bis man sich Linz nähert, wo wir zwischen 6 und 7 Uhr abends eintrafen.

Linz ist ein hübscher Ort, malerisch an beiden Ufern der Donau gelegen. Die schönste Aussicht genießt man von der Brücke (ich brauchte 400 Schritte, sie abzuschreiten) und vom höchsten Punkt eines steilen Fußpfades, der zu einem alten, verfallenen Gebäude führt.

Ich bin in verschiedenen Ländern müßigen Lungerern und frechen Gaffern begegnet, aber nirgends habe ich so viele faule und indolente Leute herumlungern und solche unmanierliche und unverschämte Gaffer gesehen wie in Linz.

Der Gasthof, wo wir zu Nacht aßen, war der schlechteste, den wir je gehabt, obwohl er für einen der besten im Orte galt, und das lästige Schnüffeln und die freche Neugier waren kaum zu ertragen. Wir konnten keine Türe öffnen, ohne daß aus einem anderen Zimmer ein Kopf sichtbar wurde, um zu sehen, was vorging, und einmal, als das Mädchen uns eine Boschaft brachte, konnte ich sehen, daß irgendein Frauenzimmer die Frechheit hatte, sich in die Türe zu stellen, um zu hören, welche Aufträge ich dem Mädchen gab. Es gibt wenige Dinge, die mich so stören und abstoßen, wie diese Neugier.

Eine Person, die mir gegen meinen Willen ein Geheimnis stiehlt, würde auch meine Börse stehlen, wenn sie nicht fürchten würde, dabei entdeckt zu werden.

Der Abwechslung halber und um die Sitten so vieler Deutscher wie möglich kennen zu lernen, entschlossen wir uns, von hier aus mit einem der regelmäßigen Passagierdampfer nach Wien zu reisen, die den Verkehr auf der Donau von Regensburg aus besorgen.

M. N.

In Linz stiegen wir in der »Kanone« ab, wo der Wirt ein Narr und Hanswurst war. Wir waren so angeekelt, daß wir uns entschlossen, unsere Reise am Sonntagmorgen um 3 Uhr früh auf der Donau fortzusetzen. Es regnete indes so heftig, daß wir den Plan aufgaben. Der Hausknecht, der uns um 2 Uhr früh hätte wecken sollen, klopfte erst um 4 Uhr an unsere Türe. Ich rief ihm wiederholt zu, daß wir nicht abreisten, aber er blieb an der Türe stehen, und ich mußte ihm im Nachtgewand öffnen. Kaum hatte ich geöffnet, fiel er auf die Kniee und bat mich mit erhobenen Händen und vielen Gesten um Vergebung, daß er uns nicht früher geweckt hatte. Vin erkannte ihn nicht und glaubte, daß er ein frecher Bettler wäre und rief vom Bette aus »Allez, allez«, was der Mann etwa so gut verstand wie Chaldäisch. Ich beruhigte ihn schließlich und machte ihm begreiflich, daß wir wegen des Regens nicht abreisten. Er blickte drein wie ein Verrückter und ich mußte über ihn und Vin lachen, der nachher sagte, P . . . würde die Szene sehr amüsant gefunden haben.
Die »Kanone« ist der unangenehmste Gasthof auf der Welt, und wir beschlossen, mit der Salzburger Kutsche weiterzureisen, obwohl es drei Tage dauert.

V. N.

Bei meinem gewöhnlichen Spaziergang durch die Stadt (Sonntag, 19. Juli) fand ich dieselbe außerordentliche

Anzahl herumlungernder und gaffender Leute, und in einem Gasthaus in der Nähe der Brücke waren die Zimmer voller rauchender und biertrinkender Menschen, obwohl es erst 6 Uhr morgens war. Vor sieben Uhr strömten die Leute aus Häusern und Kirchen und die Straßen waren so belebt wie auf einem Jahrmarkt. Linz ist der volkreichste Ort, den wir bisher in Deutschland gesehen haben. Viele Kirchen und Geistliche.

Ich hörte nur eine Person Klavier spielen, aber sie hämmerte ungeschickt einen sinnlosen, erbärmlichen Walzer ... Die Militärmusik, die wir am Abend hörten, stand der Münchener nach. Schlechter Marsch in Es aus der »Stummen von Portici«.

Gottesdienst im Dom um 9 Uhr. Schlechte Orgel, Diapason schlecht und rauh. Predigt langweilig.

Ein langer Gottesdienst, dauerte fast anderthalb Stunden.

Der Dom ist nicht sehr groß, keine Seitenschiffe, nur sechs Seitenkapellen, drei auf jeder Seite. Hochaltar und Seitenaltäre sind aus dunklem Marmor mit weißen Engelsfiguren ... Bilder mittelmäßig. Reichgeschnitzte, hölzerne Kanzel.

Wenige gut gekleidete Leute, die meisten armes Volk.

Da wir gegen unseren Willen hier zurückgehalten wurden, wollte ich die Gelegenheit benutzen, die Vesper in einer anderen Kirche unweit des Doms zu hören und am Abend ins Theater zu gehen.

Ein schöner, baumbestandener Weg führt zum Theater, einem äußerlich anspruchsvollen Bau. Ich erhielt den Theaterzettel und hoffte, für die Enttäuschung entschädigt zu werden, die ich bisher an diesem Ort erfahren hatte; da wir aber später eine Gelegenheit fanden, mit einem angenehmeren Wagen als der Diligence (die erst am Montag morgens fortfuhr) nach Wien zu reisen, verließen wir Linz um etwa 2 Uhr und waren froh, dieses unhöfliche, freche, unmanierliche Volk und die peinlichen Erinnerungen an diesen Ort los zu sein.

V. N.

Verließen Linz um 2 Uhr mit demselben Privatwagen und höflichen Kutscher, mit dem wir von Salzburg angekommen waren. Die Landschaft ist in der Nähe von Linz nicht besonders anziehend, wird aber schöner, je mehr man sich Wien nähert. Wir kamen durch Ebelsberg, wo ein heftiger Kampf mit den Franzosen stattgefunden hatte (1809). In Enns, mitten auf dem großen Platz, steht ein eigenartiger, alter Turm mit gutgestimmter Glocke. Außerhalb der Stadt führt eine Brücke über den Fluß Enns, der vor nicht langer Zeit aus den Ufern getreten war und das ganze anliegende Land sechs Wochen lang überflutet hatte. 15 Tage lang war die Gegend unpassierbar, was große Unzukömmlichkeiten hervorgerufen haben muß, denn Enns liegt an der Hauptstraße von Wien nach Paris.
Die Brücke war eben vollendet worden und aus der schnellen Strömung des Flusses zu dieser verhältnismäßig milden Jahreszeit kann ich leicht schließen, daß bei plötzlichem Tau im Winter die Gewalt und Schnelligkeit der Strömung unwiderstehlich sein muß.
Ich sah eine ungewöhnliche Gestalt: ein Mann ohne Schuhe und Strümpfe, aber mit einem Regenschirm in einem leichten Regenschauer.
Wir hatten heute viel Regen am Ende unserer Reise,

aber das Wetter hellte sich schließlich auf und ein herrlicher Regenbogen erschien über der Donau zu unserer Linken, als wir um etwa 8 Uhr in Strengberg einlangten, einem stillen, kleinen Dorf, wo wir unser Abendessen einnahmen und zu Bett gingen.
Ein Trommler kündigte eine Schauspielertruppe an, wie die englischen Komödianten.

M. N.

Ich war nicht wohl, und der gute Vin war froh, daß wir nicht mit der ermüdenden Eilpost reisten. Nichts Bemerkenswertes begegnete uns auf der Fahrt, wir schliefen Sonntag nachts in einem kleinen Dorfwirtshaus, hatten aber eine kapitale Ente und Salat zum Nachtessen.

V. N.

Montag, 20. Juli. Wir waren diesen ganzen Tag von 4 Uhr morgens bis 8 Uhr abends unterwegs. Den größten Teil der Strecke hatten wir die Donau zu unserer Linken und gelegentlich war die Landschaft sehr schön. Wir hätten sie besser genossen, wenn es nicht den ganzen Tag über heftig geregnet hätte. Der Regen setzte aus, als wir uns Melk näherten, das reizend am Ufer des Flusses liegt. Das Kloster ist das großartigste, das ich je gesehen. Es gehört den Benediktinern und man kann sich eine Vorstellung von seiner Ausdehnung machen – obgleich nicht von der Schönheit seiner Architektur und Lage – wenn ich sage, daß es in einer Fassade allein etwa 60 Fenster in einer Reihe und drei Stockwerke, also ungefähr 200 Fenster hat.
Die dazugehörige Kirche ist in schönem, römischem Stil

gebaut und ich hätte gerne Gelegenheit gehabt, einen Gottesdienst zu hören, aber es war keine Zeit dazu, da wir uns in der Stadt nicht aufhielten. Diese Anlage, die mehr ein Palast als ein Kloster ist, scheint alle Mittel des Ortes aufgezehrt zu haben, denn die anderen Baulichkeiten sind armselige, elende Häuser.

Die Ufer der Donau haben eine gewisse Ähnlichkeit mit den Rheinufern, machen aber doch einen anderen Eindruck, da besonders die Weingärten fehlen, die dem Rhein eigentümlich sind.

Kamen um 8 Uhr in St. Pölten an. Dunkler, dünner Kirchturm. Ich bin immer noch überrascht, keine Musik zu hören, nicht eine einzige Person, die zu singen oder auch nur eine Melodie zu summen versucht.

Unser Postillon war ein sehr lustiger Bursche, aber er machte keinerlei Versuch, ein Lied oder irgendeine Melodie herauszubringen.

Ich hörte eine Frau in mittelmäßigem Stil ein leichtes Lied zur Gitarre singen. Ich hörte auch auf dem großen Platz, wohin ich durch Zufall geriet, eine Militärmusik vor den Offizierswohnungen spielen. Sie war groß, aber die Klarinetten waren klein und hatten einen rauhen und schrillen Ton – das einzige hörenswerte Stück war die Polacca aus dem »Freischütz«. Alles übrige waren die üblichen, abgeleierten Walzer, die mich bisher in Deutschland so enttäuscht und geärgert haben.

M. N.

Am Montag in St. Pölten bediente uns eine Frau in einem goldenen Helm, war aber aufmerksam und höflich. Dienstags kamen wir in Wien an, das sehr fröhlich und belebt zu sein scheint, gaben unsere Briefe ab und regelten unsere Geschäfte mit der Polizei, was immer langweilig ist, kamen aber beim Zoll gut davon. Wir haben eine Einladung, morgen bei unserem Bankier zu essen, der Mozart gekannt hat und Abbé Stadler einladen wird, damit wir seine Bekanntschaft machen.

V. N. WIEN, 21. – 30. JULI

Herr Henickstein, unser Bankier[71], lud uns zum Nachtessen ein, damit wir Abbé Stadler kennen lernten. Er kannte Mozart, der seiner Schwester Unterricht gegeben hatte. Mozart gab nur solchen Damen Unterricht, in die er verliebt war. Aus seiner Konversation konnte man nicht auf sein Genie schließen – er war sehr fröhlich und lebhaft, hatte eine mäßig gute Tenorstimme.
Madame Mozart war keine Schauspielerin und hat keine großen Qualitäten als Sängerin – Herr Henickstein besuchte Mozart während der Komposition des »Don Giovanni«, probierte die Stücke, wie sie fertig wurden, und Mozart begleitete aus der Partitur.
Henickstein sang die Partie des Leporello, er hat eine Baß-Stimme; erwähnt »Madamina, il catalogo è questo.«
Mozart spielte sehr gut Geige und noch besser Bratsche; er hat ihn oft diese Stimmen in eigenen Werken spielen gehört.
Mittwoch, 22. Juli. Wanderte um 9 Uhr die Bastei entlang. Eine Frau in der Schottenstraße, ein paar Schritte von Beethovens Haus entfernt, hatte nie von ihm gehört; ich fragte jemand anderen, der ebensowenig wußte. Benediktion bei den Augustinern ... Kein Nachspiel. Schlechte Orgel.

Gingen nach dem Volksgarten, wo eine Blasmusik spielen sollte. Zu unserer Enttäuschung bestand sie lediglich aus 2 Klarinetten, 2 Hörnern, 2 Fagotten und einem Kontrafagott. Als wir ankamen, spielten sie eben einen gewöhnlichen Walzer. Ich ersuchte, man möchte doch etwas von Mozart oder Haydn spielen, worauf der Mann sagte: »O ja, Mozart oder Rossini«, aber ich bestand darauf: »Nicht Rossini – etwas von Mozart.« Er kehrte zu seinen Genossen zurück, um ihnen meinen Wunsch mitzuteilen, aber sie spielten die Cavatine in As (transponiert nach C und dadurch verdorben), und ich bin überzeugt, daß sie in ihren Notenbüchern nicht ein einziges Stück von Mozart haben und wahrscheinlich glaubten, wir würden nichts merken. Dann folgten zwei Stükke aus Aubers »Stumme von Portici«, die hier wie in jedem anderen Orte Deutschlands sehr in Mode zu sein scheint. Die Ausführung war in jeder Hinsicht der Aufmerksamkeit eines Musikers unwürdig.

V. N.

Donnerstag, 23. Juli. Bei Haslinger den Kapellmeister der Königlichen Kapelle Eybler[72] kennengelernt. Er sprach nicht französisch, aber da ihm das Italienische geläufig war, konnten wir uns frei und angenehm unterhalten. Er ist nun über 75 Jahre alt, macht aber nicht den Eindruck, so alt zu sein[73]; besonders angenehme Manieren ohne jede Zeremonie oder Förmlichkeit. Er war mit Mozart eng befreundet und spricht von ihm mit Begeisterung und Bewunderung. Er hat auch Haydn gekannt (nicht zu vergessen, daß Haslinger mir eine außerordentlich lebenswahre Wachsbüste von Haydn gezeigt hat, teilweise mit Kleidungsstücken bekleidet, die Haydn selbst getragen hat, auch ist die Perücke aus Haydns eigenem Haar gemacht [74]. Er besitzt auch Büsten von Mozart, Gluck und Händel.)

Haydn empfahl Eybler, nach England zu gehen und Eybler hatte Lust, der Empfehlung zu folgen, fügte aber hinzu: »Nun bin ich zu alt«. Er zeigte mir sein Requiem in c-moll, das er vor etwa 25 Jahren geschrieben hat und das bei Haslinger erschienen ist (scheint eine schöne Komposition zu sein). Er zeigte mir auch die Partitur einer Messe in F, an der er arbeitete, als wir ihn aufsuchten (es war kurz nach 8 Uhr und er war im Schlafrock). Er war am Ende des ersten Teils des Agnus Dei angelangt und hatte nur noch einen Satz (das Dona Nobis) zu schreiben.

Er sagte mir, daß Haydn in Gumpendorf beigesetzt worden sei; als aber später das Grab geöffnet wurde, fand man, daß der Kopf aus dem Sarg entwendet worden war. Die allgemeine Meinung scheint zu sein, daß er zu phrenologischen Studien nach Paris geschickt worden sei [75].

In einem anderen Raum hat er Porträts von Johann Sebastian Bach, Händel, Gluck, Michael und Joseph Haydn, Graun (von dessen »Tod Jesu« er mit großer Bewunderung sprach), Cherubini, Albrechtsberger, Stadler. Meine Frage, ob er des letzteren Messe in F besitze, bejahte er, fügte jedoch hinzu, sie sei für ihn unbefriedigend, da sie nur für drei Stimmen geschrieben sei, und ohne die vierte Stimme scheine irgend etwas zu fehlen.

Eybler war ein Schüler Albrechtsbergers, der bei weitem der größte Organist war, den er je gehört. Er sprach über Durante, Carissimi, Leo, Caldara (er schien erfreut, als ich das Duett »Placidissime catene« erwähnte), Jom-

melli, Steffani. Versprach, etwas in mein Album zu schreiben.
Er kannte sieben oder acht Messen von Mozart – er hat selbst eine Messe in D zum Gebrauch in seiner Kapelle für großes Orchester bearbeitet. Er wird sie am kommenden Sonntag mit einem Graduale und Offertorium von Michael Haydn aufführen.
Eybler besitzt die Originalhandschrift von Mozarts Requiem, vom »Lacrymosa« bis »fac eas« mit der Modulation nach D, die vollständigen Singstimmen mit ein paar Andeutungen der wichtigsten Begleitstimmen. Ich versuchte, Eybler zu bewegen, ein Facsimile der letzten Seite anfertigen zu lassen, die Mozart schrieb, ehe die Feder seiner schwachen Hand entsank – das wäre ein sehr interessanter Stich für alle Liebhaber Mozarts.
Wo ist Mozarts Denkmal? »Ja, wo ist es?« sagten er und Haslinger.
Mozarts Porträt (von Posch-Mansfeld), das bei Artaria erschienen ist, ist das lebenswahrste. Seine Lieblingsoper war »Don Giovanni«.
Eybler bedauerte höflicherweise die Kürze meines Aufenthalts und lud mich herzlich ein, ihn wieder zu besuchen, wenn ich länger bleiben sollte. Er hat 24 Messen komponiert (und arbeitete an der 25.), aber nur fünf sind veröffentlicht. Haslinger sagte mir, daß Seyfried und Eybler gegenwärtig die besten Kirchenkomponisten wären. Auch Gänsbacher sei hoch geschätzt[76].

M. N.

Donnerstag, 23. Juli. Besuchten heute morgen Kapellmeister Eybler, der den letzten Teil von Mozarts Requiem besitzt, die letzte Note, die er geschrieben – welch eine Kostbarkeit! – mein lieber Vin tat mir leid, er beneidete ihn so sehr um den teuren Besitz. Eybler ist ein sehr angenehmer, lustiger, alter Mann und spricht fließend italienisch. Vin verständigte sich sehr gut mit ihm. Er ist ein Schüler Albrechtsbergers und ein großer Fugenliebhaber. Er zieht »Don Giovanni« allen anderen Mozartschen Werken vor.

Madame Lange[77], Madame Mozarts Schwester und Mozarts erste Liebe, war eben bei mir und wir plauderten zwei Stunden lang. Sie scheint eine angenehme Frau, aber von Mißgeschick gebrochen zu sein – sie ist von ihrem Mann getrennt und erhält von ihm so wenig zum Leben, daß sie sich mit Lektionen fortbringen muß, was ihr bei ihrem Alter eine Last ist.

Sie beklagt sich bitterlich über die Wiener, die die Familie Mozarts vernachlässigen und sagt, daß er sich oft in tiefster Armut befunden hatte und im Elend gestorben war und daß man sage, man könne seinen Begräbnisplatz nicht finden und wisse nur, daß er am Friedhof von St. Marx bestattet sei.

Sie fragte nach der Sontag, sagte aber, daß sie sie nicht für eine große Sängerin halte und daß sie in Wien keinen Erfolg gehabt habe. Die Pasta[78] habe sehr gefallen, nicht so sehr wegen ihrer Stimme als wegen ihrer Feinfühligkeit und schauspielerischen Begabung. Sie erklärt, daß die meisten italienischen Sänger die Musik, die sie singen, gar nicht lesen können – die Natur habe sie mit einer Stimme beschenkt, aber sie seien völlig ungebildet. Sie hält Paris für eine der besten Schulen der Gegenwart, wo Mozart mehr gepflegt wird als in Deutschland.

Sie bedauert, nicht nach London gekommen zu sein; als

sie in Hamburg war, wurde sie von den Engländern sehr gedrängt, aber sie hatte niemand, der sie hätte begleiten können, da Madame Mozart sie verlassen hatte, um dem König von Preußen das Requiem zu überreichen, der ihr dafür ein ansehnliches Geschenk machte.
Sie spricht sehr lobend über den jungen Mozart und sagt, daß sie ihn mehr liebe als ihre eigenen Kinder.
Sie sagte mir, Mozart habe sie bis zu seinem Tode geliebt und fürchtet, daß das eine gewisse Eifersucht bei ihrer Schwester erzeugt habe. Ich fragte sie, warum sie seine Bewerbung zurückgewiesen habe, aber sie konnte mir keinen Grund angeben. Die Väter seien einverstanden gewesen, aber sie konnte ihn damals nicht lieben und weder sein Talent noch seinen liebenswerten Charakter schätzen, bedauerte es aber später. Sie sprach mit viel Gefühl und Bedauern von ihm und von ihrer Schwester, deren Verständnis dem ihrigen weit überlegen sei.
Madame Lange sagte mir, daß ein eitler Windbeutel bei Mozart nichts ausrichten konnte, wenn aber ein armer Musiker kam, der die Kunst verstand, dann konnte er ihm stunden- und tagelang vorspielen. Alles, was wir über Mozart hörten, bestätigt seine Liebenswürdigkeit und außerordentliche Bescheidenheit, er war immer sanft, heiter und angenehm und konnte oft mitten in der Unterhaltung geistesabwesend werden und sich in eine Komposition verlieren.
Wir waren bei unserem Bankier Henickstein zum Diner geladen, um Abbé Stadler kennen zu lernen, aber bei unserer Ankunft fanden wir eine große Gesellschaft und ein Aufgebot von Dienern usw. – glücklicherweise hatte ich etwas Ähnliches erwartet und war nicht völlig überrascht, sondern entsprechend gekleidet, und da die mei-

sten englisch oder französisch sprachen, fühlten wir uns bald heimisch. Vincent wurde ein Platz zwischen Abbé Stadler und Herrn Kandler zugewiesen, der ein großer Liebhaber und Dilettant ist. Nach dem Diner spielte er uns einige nette Sachen vor, aber nur Lieder, wie sie in unseren Abendgesellschaften zu hören sind, nichts Bedeutendes von den Göttern Mozart oder Haydn.
Als einen Beitrag zu meiner Eitelkeit muß ich anmerken, daß niemand glaubt, ich sei länger als zwei oder drei Jahre verheiratet, und ich versicherte den Leuten vergeblich, daß meine älteste Tochter schon verheiratet sei, um sie von meinem hohen Alter zu überzeugen. Sie schütteln den Kopf und sagen, daß wir scherzen – aber man muß ihre Blindheit entschuldigen, denn mit etwas Sorgfalt gekleidet und ohne euch sehe ich jünger aus als ich bin, und so verleugne ich euch und gebe mich für 30 Jahre aus.
Diners sind hier früh zu Ende und manche Eingeladenen gehen zu ihren Geschäften zurück, andere in die Oper. Wir gingen nach Hause, denn die Musik, die wir am Abend vorher im Volksgarten gehört hatten, lockte uns nicht zu einem zweiten Besuch.

V. N.

Mozarts Haus wurde mir von Abbé Stadler gezeigt, der selbst so freundlich war, mit mir hinzugehen, um alle Zweifel zu beseitigen: es ist Nr. 938 in der Rauhensteingasse, mit einer »porte cochere« in der Mitte. Er komponierte gewöhnlich im ersten Stockwerk zur linken Hand. Das Haus ist schön und hat fünf Fenster nach der Straße zu. Man wendet sich beim Eintreten links die Treppe hinauf, und ich tat es mit Ehrfurcht – es sind

drei Stockwerke außer dem Erdgeschoß und dem Dachboden – und mit einer sonderbaren Empfindung stieg ich die Treppe hinan, die er so oft betreten, und auf der sein Leichnam hinabgetragen worden war. Aber die Familie konnte nicht gestört werden und so erhielt ich keinen Zugang zu den Räumen, wo der Tod ihm die Feder aus der Hand genommen. Drei schöne Fenster in der Mitte, zwei einfache zu beiden Seiten.
Über dem Eingang ist ein Bild der Muttergottes mit dem Kinde (die Farben sind ebenso verblaßt wie die Erinnerung an ihn in Wien). Der obere Teil des Hauses sieht wie ein Kirchendach aus. Rechts im Erdgeschoß ist ein Bäckerladen, das übrige sind Wohnungen. Ich wollte, ich hätte dieses für mich interessanteste Haus in Wien zeichnen können, als Gegenstück zum Geburtshaus in Salzburg, das seine Wirtin hat abbilden lassen.
Es ist eigenartig, daß an Mozarts Haus in Wien ein Bild der Jungfrau mit dem Kinde sich befindet und darunter ein geschmackvolles Relief, Venus mit der Welt zu ihren Füßen darstellend, umgeben von graziösen Draperien und Wolken.

M. N.

24. Juli. Wir gingen heute morgens zu Abbé Stadler, um den anderen Teil des Requiems zu sehen ... Der Abbé ist ein reizender, alter Mann, der Vincents Vater ähnlich sieht, in seinem Gehaben aber an Abbé Berlay erinnert. Ich fühlte vom ersten Augenblick an große Verehrung und Zuneigung zu ihm, und er nahm in der gütigsten Weise meinen Arm und ging mit mir die Treppen hinab, als hätten wir uns seit vielen Jahren gekannt.

V. N.

Freitag, 24. Juli. Wir folgten seiner freundlichen Einladung und besuchten Abbé Stadler um 9 Uhr.
Er empfing uns mit großer Liebenswürdigkeit. Unser Gespräch wandte sich natürlich seinem Freunde Mozart zu und er holte bald einige von seinen Schätzen hervor. Übungen im Generalbaß und eine Komposition, die Mozart einer Base des Abbé gegeben hatte [79].
Das meiste war von Mozart selbst geschrieben, aber gelegentlich notierte er nur die Melodie und die Dame mußte sich darin versuchen, einen bezifferten Baß hinzuzufügen. An anderen Stellen schrieb er Melodie und bezifferten Baß nieder und sie hatte die angedeuteten Akkorde auszuschreiben. Dann folgen seine Bemerkungen und Verbesserungen und, was noch interessanter war, seine eigene Fassung desselben Themas, um es »ein wenig besser zu machen« als die Dame.
Ein Stück in g-moll, das mit einem durch mehrere Takte gehaltenen Orgelpunkt begann und dessen Baß besonders reich und sorgfältig beziffert war, schien mir besonders schön.
In einem anderen Bündel von Manuskripten, sämtlich von Mozarts Hand, waren ein paar eigenartige und gründliche Studien und Übungen: mehrere überaus schwierige und komplizierte Canons; es scheint, daß er dasselbe intuitive Verständnis für die Möglichkeiten eines Intervalls besaß wie Johann Sebastian Bach und andere große Kontrapunktiker.
Abbé Stadler besaß einmal den ersten Teil des Requiems, beginnend mit »Requiem aeternam«, »Kyrie« und »Dies irae« bis zum »Lacrymosa« [80] (dieses letztere Stück und

das Offertorium »Domine Jesu Christe«, das »Hostias et preces tibi Domine« bis »fac eas in aeternum« mit der Anweisung, die Fuge »Quam olim Abrahae« zu wiederholen – die letzten Worte, die Mozart vor seinem Tode geschrieben – sind im Besitz Herrn Eyblers, des Kapellmeisters der königlichen Kapelle, wie ich bereits bemerkt habe.)

Aber Abbé Stadler hat, den Ruf Mozarts über seine persönliche Befriedigung stellend, die Originalpartitur der kaiserlichen Bibliothek zur Verfügung gestellt, damit sie allgemein zugänglich sei und als bestes und unzweifelhaftes Zeugnis gegen jene diene, die behaupten, Mozart habe das Requiem nicht selbst geschrieben.

Das »Sanctus«, »Benedictus«, »Agnus Dei« und »Dona eis requiem« tragen so deutlich den Stempel von Mozarts Urheberschaft, daß ich niemals glauben könnte, sie stammten von einem anderen Komponisten, besonders nicht von einem so obskuren Autor wie Süßmayr, der nichts geliefert hat, was auch nur im entferntesten dem Stile von Mozarts Requiem ähnelt. Meine eigene Meinung ist, daß Mozart das »Sanctus«, »Agnus Dei« usw. vor dem Offertorium geschrieben hat und daß er, als er seinen Tod herannahen fühlte, Süßmayr Anweisung gab (wie mir seine Witwe klar und entschieden versichert hat), wie die Partitur aufzufüllen war, nachdem er die führenden Stimmen selbst eingetragen hatte; und daß er Süßmayr auch anwies, die Fuge am Ende zu wiederholen, was bei einer Messe durchaus nicht ungewöhnlich ist, da es Zeit spart, die gleichen Worte nicht neu setzen zu müssen. Hierauf schrieb Mozart das Offertorium bis zu den Worten »fac eas in aeternum«, wo die Feder seiner Hand entglitt und ihn der Tod ereilte.

Der Umstand, daß Süßmayr nach Mozarts Tod das Verdienst für sich in Anspruch nahm, den letzten Teil dieses mit Recht so berühmten Werkes geschrieben zu haben, erweckte in mir einen solchen Verdacht, daß ich Mozarts Witwe fragte, ob er nicht etwa ein neidischer und versteckter Feind und nicht der aufrichtige Freund und dankbare Schüler gewesen sei, worauf die Witwe zugab, daß Süßmayr nur wenige Lektionen von Mozart erhalten habe und in Wahrheit der Schüler und Freund Salieris war (der Mozarts bitterster Feind gewesen), was meinen Verdacht völlig bestätigte.
Ich hoffe, daß Herr Eybler dem großherzigen und edlen Beispiel Abbé Stadlers folgen und den Teil der Mozartschen Handschrift, den er besitzt, dem gleichen Institut überlassen wird, so daß diese wertvollen Manuskripte nicht nur sicher und sorgfältig aufbewahrt werden, sondern als Dokumente jederzeit zugänglich seien und allem ferneren Streit und allen Spitzfindigkeiten der übelgesinnten Verleumder Mozarts ein Ende setzen.
Ich hoffe auch, daß eines künftigen Tages der Rest dieser Messe in Mozarts Handschrift zum Vorschein kommen wird, es wäre denn (was nur allzu wahrscheinlich ist), daß Süßmayr das Manuskript des »Sanctus« usw. vernichtet hat, um der unwahrscheinlichen Fälschung, die er gegen das Andenken seines allzu gütigen und nachsichtigen Lehrers verbreitet hat, größere Glaubwürdigkeit zu verleihen [81].
Abbé Stadler zeigte mir das von Mansfeld gestochene Porträt Mozarts (das ich schon so oft erwähnt habe) und meinte, es sei das beste.
Er besitzt auch eine sehr interessante Reliquie, nämlich den Schreibtisch, der Mozart zur Komposition aller sei-

ner Opern, Symphonien und Messen, kurz seiner schönsten Werke, gedient hat. Es ist ein bescheidenes Möbelstück aus gewöhnlichem Holz und in der gewöhnlichen Art weiß gestrichen.

Der Abbé sagte mit einem Lächeln, daß er alle seine eigenen Werke darauf schreibe, seit der Tisch in seinem Besitze sei. Darauf zeigte er mir sein Oratorium »Die Befreiung Jerusalems«, das, soviel ich auf einen schnellen Blick sehen konnte, verdienen würde, besser bekannt zu sein. Ich hoffe, es in England in nicht zu ferner Zukunft bei passender Gelegenheit aufführen zu lassen.

Er zeigte mir auch eine sehr geistreiche Fuge in c-moll, die er auf den Namen des Komponisten Schubert geschrieben, und bat mich, sie als Geschenk anzunehmen. Er setzte seinen Namen und eine Widmung auf das Titelblatt[82].

Er schien Herrn Eybler, aber auch Gänsbacher und Seyfried als Kirchenkomponisten sehr hoch zu schätzen und sprach von dem Organisten der Königlichen Kapelle, Herrn Simon Sechter, als von einem der gründlichsten Kontrapunktiker der Gegenwart[83].

Zum Beweise dafür zeigte er mir einige Fugen des letztgenannten, die so sehr im Stile Sebastian Bachs geschrieben waren, daß man sie für leichtere Werke dieses meisterhaftesten und wunderbarsten aller Orgelkomponisten hätte halten können.

Besonders ein Stück zeichnete sich durch geistreiche Kontrapunktik aus, bestehend aus Variationen in Partitur für vier Instrumente über die Melodie des »God save the King«.

So abgedroschen durch häufige Verwendung der Gegenstand auch sein mag, hat Herr Sechter es doch

verstanden, ihn auf neue und eigenartige Weise zu behandeln.
Es sind im ganzen neun Variationen, wobei jedesmal die Melodie von den Geigen, der Bratsche oder dem Baß gebracht und mit anderen Melodien durchaus verschiedenen Charakters gepaart wird, ohne daß die Symmetrie gestört würde. In der siebenten Variation wird ein russisches Lied, »Schöne Minka«, eingeführt, in der achten Haydns Volkshymne in der ersten Geige, während die Bratsche mit »God save the King« fortfährt. In der neunten Variation gibt er der zweiten Geige das französische Lied »Vive Henry quatre« in g-moll, während die erste Geige »God save the King« in B-dur übernimmt. Das ist eines der sonderbarsten und geistreichsten kontrapunktischen Stücke, die ich in letzter Zeit gesehen habe.
Das Gespräch wandte sich dann Joseph Haydn zu (mit dem Abbé Stadler gleichfalls eng befreundet gewesen). Er zeigte mir ein Porträt und darunter eine Ansicht des Hauses in Rohrau, wo Joseph Haydn geboren war.
Der Abbé trat sodann an ein Pianoforte, öffnete es und sagte, es stammte aus Haydns Besitz. Es war von Longman and Broderip gebaut, der Umfang reichte vom FF im Baß bis zum C im Alt. Haydn hatte es aus London mitgebracht und Abbé Stadler erwarb es nach seinem Tode. Er hat Haydn oft darauf spielen gehört, wenn er ihn besuchte. Ich brauche nicht zu sagen, daß ich mich daransetzte und mit eigenartiger Freude etwas spielte. Natürlich gab ich mein Bestes, aber nachdem ich geendet hatte, sagte der Abbé etwas so Schmeichelhaftes, daß ich es nicht zu wiederholen wage.
Auf meine Frage, aus welchem Anlaß Mozart den »Da-

vidde Penitente« in seine gegenwärtige Form gebracht habe, sagte er mir, es sei von Mozart bei seiner Ankunft in Wien ein Werk im Oratorienstil verlangt worden. Da die Zeit nicht reichte, ein völlig neues Stück zu schreiben, verwendete er den größeren Teil einer Messe (die in Salzburg für die erste Niederkunft geschrieben war, wie mir Madame Mozart sagte), der Dichter Da Ponte schrieb einen neuen Text und Mozart fügte das schöne e-moll-Terzett und zwei neue Solonummern hinzu, um das bestellte Werk zu vollenden.

Auf mein Angebot, Botschaften an seine Londoner Freunde zu übernehmen, trug er mir herzliche Grüße für M. Clementi, J. B. Cramer und M. Moscheles auf.

Nachdem er mich aufgefordert hatte, ihn am nächsten Tage zu einem Besuch in der kaiserlichen Bibliothek abzuholen, verabschiedete ich mich ungern von diesem reizenden und verehrungswürdigen Mann, er ist das vollkommenste Beispiel milder Eleganz und höflicher Lebensart der »vieille cour« ohne ihre lästige Etikette und zeremoniöse Förmlichkeit.

M. N.

Wir besuchten Herrn Henickstein um Geldgeschäfte zu erledigen und ihm für seine Freundlichkeit zu danken. Er sagte uns, daß er Mozart gut gekannt und »Leporello« und »Figaro« in einer Dilettantentruppe gesungen habe. Mozart gab seiner Schwester Klavierunterricht. Er hielt ihn für zu locker in seinen Manieren, er war immer in seine Schülerinnen verliebt. Sie gingen oft miteinander aus um Serenaden zu veranstalten, die damals sehr in Mode waren.

Monsieur Kandler war eben hier und bot sich höflich an, Vin bei der Suche nach Anekdoten über Mozart und Haydn zu helfen. Er ist erfüllt von italienischer Musik, hat aber guten Geschmack und ist, wie ich glaube, ein guter Beurteiler.

V. N.

Kandler – jede Zeit hat ihre Götter; Haydn und Mozart gehören der Vergangenheit, sie sind von anderen Günstlingen verdrängt worden, und wenn in Wien eine Mozart-Oper gespielt wird, geht niemand ins Theater.
Wir besuchten am Abend den öffentlichen Garten am Glacis oder der Esplanade gegenüber dem Karolinentor. Vor etwa zehn Jahren ist hier ein Haus errichtet worden, wo man Mineralwasser trinkt; auch ein Kaffeehaus gibt es hier, und der Ort scheint einer der besuchtesten dieser Art in Wien zu sein.
Übrigens ist es eine, wie ich glaube, gut beglaubigte, obwohl nicht allgemein bekannte Tatsache, daß das erste Kaffeehaus im christlichen Europa im Jahre 1685 in Wien errichtet wurde. Ein gebürtiger Pole namens Kolschitzky, der während der Belagerung Wiens wichtige Dienste geleistet hatte, erhielt zur Belohnung das Privileg, ein öffentliches Kaffeehaus zu errichten. Gegenwärtig sollen in Wien und Umgebung etwa 80 Kaffeehäuser bestehen, die von morgens bis mitternachts geöffnet sind.
Der Karolinengarten (den ich in Ermangelung eines anderen Namens so nenne) ist eine Art Vauxhall [84] in sehr kleinem Maßstab. Die Wege sind von kleinen Lampen beleuchtet. In der Mitte ist ein kleines Orchester von zehn oder zwölf Spielern – Klarinetten und andere Blas-

instrumente – und rundum sind Bänke aufgestellt für diejenigen, die lieber sitzen und Erfrischungen zu sich nehmen.
Die Musiker waren besser als die, die wir vorher im Volksgarten gehört hatten, aber die Stücke, die sie spielten, waren um nichts besser, nichts als Walzer, ewige, gewöhnliche Walzer.
Auf dem Heimweg kamen wir nahe an Mozarts Haus vorbei (ich tue das, so oft ich nur kann) und hörten jemand Klavier spielen, nur ein paar Schritte von dem Ort, wo dieser göttliche Komponist gelebt, aber zu meinem lebhaften Widerwillen spielte die Person wieder einen Walzer. Deutschland scheint mir jetzt das Land der Galopps, Walzer und Quadrillen zu sein, und doch sehe ich bei all dem ewigen Hämmern und Blasen von Walzern niemand zur Musik tanzen.
Riesig volkreich, alle Theater voll, alle Straßen voll, alle Gärten voll. Sie knallen mit den Peitschen, furchtbar lästig, ohne alle Rücksicht.

M. N.

Was für eine riesige Menschenmenge in Wien zu leben scheint, hauptsächlich Frauen! Das Mädchen in unserem Gasthof spielte darauf an, daß Vin und ich in einem Bett schliefen und sagte: »In Ihrer und in meiner Heimat sind die Betten breiter, aber in Wien schläft der Mann an einem Ende des Hauses und die Frau am anderen; dem Mann sind alle anderen Frauen lieber als seine eigene und sie gibt ihm das Kompliment zurück. Das ist nicht angenehm, nicht schön«, setzte sie hinzu und ich gab ihr Recht.

V. N.

25. Juli, Sonnabend. Es wurde mir gesagt, daß man von Mozarts Grabstätte nicht mehr wüßte, als daß sie sich auf dem Friedhof von St. Marx befinde, einer kleinen Kirche, die früher zu einem Nonnenkloster gehört hatte; daß kein Stein noch ein anderes Zeichen das Grab dieses Genies andeutete und daß niemand mir zeigen könnte, wo er bestattet ist. Da ich mich aber gern aus eignem Augenschein überzeuge und urteile, beschloß ich, nach St. Marx zu gehen und zu sehen, was ich erfahren könnte. Ich stand daher um halb sechs Uhr auf und fand schließlich nicht ohne erhebliche Schwierigkeiten die Kirche, die am äußersten Ende einer obskuren Vorstadt liegt.
Ich langte um 7 Uhr ein und war froh, daß die Messe eben begann und ich den Sakristan ansprechen konnte. Auf meine Frage, ob dies St. Marx sei, wo Mozart begraben sei, erwiderte er, dies sei wohl St. Marx, aber von Mozart wußte er nichts und konnte mir keine Auskunft über die Grabstätte geben.
So machte ich mich denn auf die Suche. Die Kirche, oder besser Kapelle, ist sehr klein, mit einem einzigen Altar, ohne Seitenschiffe, mit drei Fenstern auf jeder Seite, keine Galerien.
Über dem Eingang ist ein kleiner Chor mit einem Positiv, der Schmuck und der ganze Raum sehr bescheiden.
Der Platz rund um die Kirche ist sehr beschränkt und der Teil, der als Friedhof dient, liegt zur Linken. Dort lehnen ein paar Grabsteine an der Mauer und das Ganze ist kaum 50 Quadratmeter groß.
Ich betrat jeden Weg und jedes Stückchen Erde mit der größten Verehrung, aber es ist nicht bloß kein Stein mit

seinem Namen zu finden, sondern auch kaum eine Spur irgendeines Grabes. Die Inschriften auf den alten Steinen sprechen von irgendwelchen unbekannten »Bürgermeistern« und Geistlichen des ehemaligen Klosters.
Hier liegt er denn »für immer in der engen Zelle nach des Lebens Wechselfieber«.
Die Berichte, die ich gehört, waren nur allzu wahr.
Blumen gab es keine, sonst hätte ich einige gepflückt. So nahm ich mir ein paar grüne Blätter als Erinnerung an diesen traurigen Ort mit. Ich kehrte zurück voller Abscheu über die Gleichgiltigkeit, die herzlose Undankbarkeit und schändliche Vernachlässigung, die dem großen Manne von der Mehrzahl seiner Landsleute und besonders von den Wienern zuteil wurde.
Mit Stadler nach meinem Besuch der Begräbnisstätte Mozarts folgendes besprochen:
Mozart schrieb seine meisten Messen in seiner Jugend.
Mozart schätzte Händel sehr hoch.
Händel war der größte Oratorien- und Chorkomponist.
Er besitzt »Messias«, »Judas Makkabäus« (die er sehr bewundert, vor allem »Messias«). Ich empfahl ihm »Israel in Ägypten«.
Er konnte nicht sagen, ob Mozart »Israel« gekannt hat.
Mozart spielte oft auf der Orgel der Jesuitenkirche in Wien, er hielt nicht viel von den Wiener Orgeln aber schätzte die Salzburger, besonders die Orgel an den Mittelsäulen des Doms.
Mozart spielte alle Fugen von Sebastian Bach und zog zur Übung die Stimmen in Partitur aus, um die Anlage des Kontrapunkts besser zu verstehen.
Die Freimaurerode entstand kurz vor Mozarts Tod. Dreistimmig mit Klavierbegleitung. Baß in der Manier

Händels. Nach Mozarts Tod instrumentierte Stadler das Werk und gab es der Witwe, die es mit Orchester aufführen ließ[85]. Er besitzt ein Exemplar des Mozartschen Originals, nicht aber seine Partitur – das Stück ist nicht veröffentlicht, und er hat auch keine Abschrift, sonst hätte er sie mir gegeben (ich muß die Witwe um Mozarts Originalfassung mit Stadlers Akkompagnement bitten).

Er weist darauf hin, daß in der Freimaurerode zum erstenmal ein *piano* und *forte* in Verbindung mit dem Worte »Licht« gebraucht wird, um durch den plötzlichen Gegensatz größere Wirkung zu erzielen – eine Eingebung, die Händel vorher im »Samson« und Haydn später mit solch außerordentlichem Effekt in seinem Oratorium »Die Schöpfung« verwendet hat – ». . . und es ward Licht[86].«

Er zeigte mir Manuskripte, die er für die kaiserliche Bibliothek kopiert hat; er hat entdeckt, daß Hofheimer, der im 14. Jahrhundert gelebt hat, der erste war, der einen vierstimmigen Satz und Canons geschrieben hat[87]. Sonderbare Komposition von Werner (der beim Prinzen Esterházy lebte und dem Haydn als Komponist verpflichtet war)[88].

Er kannte Beethoven, scheint aber Haydn und Mozart als Musiker und angenehme Freunde vorzuziehen.

Er schrieb seinen Namen ins Album (auf Mozarts Schreibtisch) und versprach, mir vor meiner Abreise eine seiner Kompositionen zu schenken. Er will mich morgen (Sonntag) um 5 Uhr besuchen.

Um 4 Uhr kam Abbé Stadler unerwartet und erwies mir die Ehre (denn dafür halte ich es), wie ein alter Freund mich aufzusuchen, ohne erst eine Einladung abzuwar-

ten. Er bemerkte scherzhaft, daß er 24 Jahre alt sei »et quelque chose de plus« und sagte, er habe es eingerichtet, daß ich die kaiserliche Bibliothek am kommenden Dienstag um 11 Uhr besuchen könnte und daß er mich begleiten wolle, damit wir die interessantesten Handschriften miteinander ansehen könnten. Er wollte keinen Kaffee nehmen und trank nie Wein oder Ähnliches; auf meine Bemerkung, daß es doch an der Zeit wäre, damit zu beginnen, da er doch selbst zugab, über 24 Jahre alt zu sein, lösten sich seine Züge in das schönste Lächeln, das ich je gesehen. Die Erscheinung und das Gehaben dieses verehrungswürdigen Mannes zeigen, daß er die beneidenswerte Auszeichnung verdiente, einer der besten Freunde Mozarts gewesen zu sein. Ich kann ihm kein größeres Kompliment machen.
Er versprach, Mozarts Freimaurerode selbst für mich abzuschreiben.
Als er im Begriffe war, uns zu verlassen, stellte sich zufällig heraus, daß er nicht nach Hause ging, sondern versprochen hatte, einen erkrankten Freund im Hospital zu besuchen. Ich drang in ihn, meine Begleitung anzunehmen.
Unterwegs erzählte er mir die folgende interessante Geschichte: auf meine Frage, welche Kompositionen Mozart im Freundeskreise die liebsten waren, sagte er, Mozart habe gewöhnlich ex tempore gespielt, aber seine Erfindungsgabe sei so unerschöpflich gewesen und er habe seine Einfälle so formvollendet dargeboten, daß Albrechtsberger sich nicht davon überzeugen lassen wollte, daß es sich um Improvisationen und nicht um Werke handelte, die Mozart vorher studiert hatte. Eines Abends, da Mozart, Abbé Stadler und Albrechtsberger beisam-

men waren, forderte der letztere Mozart auf, sich an das Instrument zu setzen und etwas zu spielen. Mozart willigte sogleich ein, aber statt ein eigenes Thema zu wählen, bat er Albrechtsberger, ihm eines zu geben. Albrechtsberger erfand auf der Stelle ein Thema, das Mozart vorher nicht gehört haben konnte und gab ihm die trivialsten Wendungen, die er ersinnen konnte, um Mozarts Erfindungsgabe und schöpferische Kraft auf die schwerste Probe zu stellen.

Dieses außerordentliche Genie nahm das Thema sogleich auf, das ihm so unerwartet vorgelegt worden war, und phantasierte fast eine Stunde lang darüber, behandelte es in jeder erdenklichen Art – Fuge, Kanon, vom einfachsten bis zum kompliziertesten Kontrapunkt – bis Albrechtsberger nicht länger an sich halten konnte und begeistert ausrief: »Ich bin nun völlig überzeugt, daß Ihr Extemporieren die Eingebung des Augenblicks ist und daß Sie all den Ruhm verdienen, den Ihr wunderbares Talent Ihnen erworben hat.«

Bei einer anderen Gelegenheit war Albrechtsberger, einer der größten Kontrapunktiker und Organisten seiner Zeit, mit Abbé Stadler bei Beethoven und Beethoven bat Albrechtsberger, ihm eine Fuge vorzuspielen. Als Albrechtsberger geendet hatte, rief Beethoven: »Ich sehe, daß ich im Vergleich mit Ihnen nichts weiß«.

Ich begleitete den Abbé (der mit großer Vertrautheit meinen Arm nahm, als ob ich sein Sohn gewesen wäre) zu einem kranken Verwandten in der Kärntner Straße.

Stadler hält Beethoven für ein außerordentliches Genie – aber unberechenbar und extravagant. Er wies auf die Verschiedenheit in der Kompositionsmethode hin. Beethoven begann oft, ehe er sich über seine Absichten klar war und änderte und versetzte Passagen, wie seine Phantasie und Laune ihm eingab. Mozart hingegen begann nie zu schreiben, ehe nicht das ganze Werk in seinem Geiste so vollendet war, wie er es wollte, und dann ließ er es ohne jede Änderung stehen.

Beethoven hat Mozart nie gesehen, er kam zwei Jahre nach Mozarts Tod nach Wien[89].

Beethoven war ein großer Verehrer Mozarts, war aber selbst noch zu unreif, um Mozarts Aufmerksamkeit zu erregen, dagegen waren Haydn und Mozart wie Brüder. Mozart liebte Haydns Werke und pflegte zu sagen, daß er ihm in der Ausbildung seines Stils viel verdanke. Stadler sagte, daß Mozart nach seiner Ankunft in Wien und nachdem er Haydns Werke kennengelernt hatte, seine Art zu komponieren geändert hatte.

Haydn war kein großer Pianist (sein Instrument war die Geige), aber er hörte Mozart gerne spielen. Haydn gab Mozarts Überlegenheit zu und sagte: »Er ist ein Gott in der Musik« (Stadler rief aus: »Mozart est unique; il étoit universel et savoit tout«). Mozart und Haydn spielten oft mit Stadler Mozarts Quintette, besonders das fünfte in D-dur, das C-dur und besonders das g-moll-Quintett[90]. Obwohl Haydn verpflichtet, hat Mozart doch so viel von seinem eigenen Genie zur Ausbildung seines Stils beigetragen, daß die »mélange« sein eigenes Werk ist. Stadler fragte ihn einmal, wie er es anstelle, daß alles, was er schrieb, so außerordentlich und vollkommen war, worauf er einfach erwiderte: »Je ne peux pas écrire autrement.« Der Abbé setzte hinzu, daß Mozart schon im Alter von 8 Jahren alle Regeln der musikalischen Grammatik gekannt habe und daß sein Genie ihm erlaubte, sich in allen Stilen auszuzeichnen.

Mozart kannte einige der besten Werke Haydns nicht, wie »Die Schöpfung« (»Chaos« der beste Satz), die besten Symphonien und die »Sieben Worte«.
Stadler war eben bei Haydn, als er den Auftrag erhielt, die sieben Adagios zu schreiben[91] – und da er nicht recht wußte, wie er sieben aufeinanderfolgenden Adagios genug Abwechslung geben sollte, riet ihm Abbé Stadler, der Melodie eines jeden Satzes die entsprechenden Worte des Textes zugrunde zu legen; er folgte dem Rat des Abbé und mit welchem Erfolg er es tat, bedarf nicht meines Lobes.
Ein Kanoniker adaptierte später Worte zur Musik, aber in unbefriedigender Weise und Baron Swieten veranlaßte Haydn, es selbst zu tun. Stadler sagte, er ziehe diese herrlichen Kompositionen ohne Text vor, gerade so wie sie ihr Autor geschaffen habe.
Er lobte besonders das Streichquartett in f-moll mit der Fuge (das Pinto für das Pianoforte bearbeitet hat) (op. 20 Nr. 5).
Haydn war mit der Orgel nicht sehr vertraut, aber sein Bruder Michael war ein sehr guter Spieler.
Gassmann[92], der vor Mozart lebte, starb unglücklicherweise sehr früh, sonst wäre er, nach der Meinung des Abbé, Mozart am nächsten gekommen.
Er war in Böhmen geboren und studierte in Italien, wo er Opern schrieb. Nach seiner Rückkehr nach Wien schrieb er einige Messen (der Abbé kennt vier oder fünf), Vespern, Graduale, Offertorien, die, wie er glaubt, in der Musikbibliothek der kaiserlichen Kapelle aufbewahrt werden, da einige davon für sie geschrieben worden waren.
Mecchetti, ein Musikalienhändler, in der Nähe des Burg-

tors, hat eine reiche Sammlung guter Musik von Priendl, Reuter und anderen tüchtigen Meistern.
Der Abbé hat versprochen, mich am nächsten Dienstag um halb elf Uhr abzuholen, um mit mir in die kaiserliche Bibliothek zu gehen.

V. N.

25. Juli. Wir gingen ins Hoftheater nahe der Kärntner Straße, um die Oper zu hören. Am Sonntag, der der große Tag für die Oper in Deutschland ist, geben sie den »Barbier von Sevilla« von Rossini, aber am Sonnabend (ein sehr schlechter Abend hier) gaben sie Mozarts »Don Giovanni«. Ich zog den schlechten Abend mit der besseren Musik vor.
Das Haus ist nicht groß und einfach dekoriert, ungefähr die Größe unseres englischen Opernhauses am Strand. Das Parterre ist in zwei Teile geteilt, der vordere Teil nach dem Orchester zu ist der bessere und die Sitze können abgesperrt werden. Das Theater hat fünf Ränge, die beiden untersten sind Logen.
Ich hielt nicht viel vom ersten Cello – der Ton ist schwach und dünn – und in der Obligato-Begleitung von Zerlinas Arie »Batti, batti« schien der Cellist sich sehr abzumühen, als ob die Stelle für ihn zu schwer gewesen wäre.
Die obligate Geigenbegleitung von Don Giovannis Serenade »Deh vieni alla finestra« wurde nicht vom Konzertmeister gespielt, (der bemerkenswert dick war und unserem Freunde Terrail[93] ähnlich sah) sondern war einem Ripienisten anvertraut. Sein Spiel hätte mir vielleicht besser gefallen, wenn ich meines Freundes Spagno-

letti vollendete Ausführung dieser kleinen Arie nicht so oft gehört hätte.
Die Oboe gefiel mir nicht, aber Posaunen, Fagotte und Klarinetten waren gut, besonders die letzteren.
Ich finde hier denselben Fehler wie bei den meisten Orchestern, die ich höre: es spielt so laut, daß es die Sänger übertönt, daher müssen die Sänger schreien, um gehört zu werden und das Ergebnis ist ein grober, heftiger Lärm. Es muß aber gerechterweise gesagt sein, daß dieses Orchester, obwohl es kein Mitglied von besonders hervorragenden Fähigkeiten besitzt, weniger heftig und lärmend ist als das Orchester in Mannheim.
Von den Sängern gefiel mir Donna Anna am besten, besonders in der göttlichen Arie »Non mi dir bel idol mio« (die für meinen Geschmack das schönste Stück ist, das je geschrieben wurde, auch von Mozart selbst). Auch Zerline sang ihren Part sehr gut und von einer belanglosen Verzierung im Duett »Là ci darem« abgesehen gab sie den Text des Komponisten genau und richtig wieder.
Dieses Lob gebührt im allgemeinen allen Ausführenden und für meinen Teil höre ich lieber den richtigen Text des großen Komponisten von bescheidenen Sängern mit wahrem Gefühl gesungen, als seine wohlerfundenen und wohlgeeigneten Melodien von der affektierten Frechheit und dem dummen Dünkel der vielbewunderten, erstrangigen Sänger geändert, verdorben und in sinnlosen Passagen verzettelt zu sehen.
Da ich die ganze Oper auswendig kenne, ging mir nichts verloren, trotzdem sie deutsch statt italienisch gesungen wurde, obwohl es mir eigenartig war, die mir so wohlbekannten musikalischen Phrasen mit so verschiedenen Lauten und Silben zu hören. Eine Änderung war von

Übel: Mozarts schöne und ausdrucksvolle Rezitative (mit Ausnahme der Accompagnati) wurden fortgelassen und die Dialoge wurden gesprochen. Eine lange Szene zwischen Don Giovanni und etlichen Polizisten mit dummen Possen wurde im ersten Akt eingeführt, die in der italienischen Ausgabe der Oper nicht zu finden ist. Aber in einem anderen Falle war die Aufführung besser als an unserer Oper in Haymarket, denn sie hatten den guten Geschmack, Don Giovannis Arie in F »Metà di voi quà vadano« zu singen, wenn er Masettos Gefährten fortschickt – die Szene wird in Haymarket immer als Rezitativ gebracht, aber ich hoffe, daß die meisterhafte Arie bei nächster Gelegenheit wieder hergestellt werden wird.
Das Orchester war voll besetzt: etwa 10 erste, 8 zweite Geigen, 4 Violen und Celli und 4 Bässe mit der gewöhnlichen Anzahl von Bläsern. Es war kein Pianoforte da, sondern der Dirigent saß vor der Partitur mitten im Orchester und schlug den Takt die ganze Oper hindurch. In der Aufstellung des Orchesters fielen mir die Bässe am meisten auf. Alle vier standen in einer Reihe in der Mitte des Orchesters, dem Dirigenten und dem Konzertmeister gegenüber, und kehrten der Bühne den Rücken. Mir gefiel diese enge Gruppierung, denn jeder Spieler spielt mit mehr Selbstvertrauen und Entschlossenheit, wenn er Genossen und Unterstützung in der Nähe hat. Auch war die Wirkung großartig, wenn die vier mächtigen Instrumente an führenden oder imitierenden Stellen gemeinsam hervortraten.
Die Oper heute abends hat mich mehr befriedigt als irgendeine andere musikalische Aufführung, die ich bisher in Deutschland gehört habe. Das ist sicherlich in erster Linie der Musik zuzuschreiben und nicht so sehr der Auf-

führung. Aber, wie Mozarts Sohn mir schon gesagt hat, die Musik seines Vaters muß gefallen, wie immer sie dargeboten werden mag. Es ist sehr schwierig, sie so zu verderben, daß nicht doch ein köstlicher Zug, daß nichts zu bewundern übrig bliebe.

V. N.

Sonntag, Wien, St. Stephansdom, 8 Uhr. Choral in G und Predigt, um 9 Uhr Hochamt. Das Orchester bestand aus etwa einem halben Dutzend Geigen, Bratschen, Celli und Bässen und Posaunen.

Introitus in C, ganz in Palestrinas feierlichem, kirchlichen Stil und wahrscheinlich von ihm. Vier Stimmen ohne Begleitung, schöne Wirkung. Der Gottesdienst begann mit einer Prozession der Priester um die Kirche, wobei sie das Volk mit Weihwasser sprenkelten.

Während des Umgangs hörte ich die große Orgel über dem Westeingang, die nur Sonntags und an hohen Festtagen gespielt wird. Der Organist spielte sehr beachtlich eine Einleitung und eine Fuge in c-moll. Der Ton dieses großen Instruments ist zu hart und grob, um mir zu gefallen. Die Wirkung war auch durch das ständige Beben der Bälge sehr beeinträchtigt. Der Ton der kleinen Orgel im Chor nahe beim Altar ist viel besser.

Die Messe war im Stil gewöhnlich und altmodisch, wie Hasse oder Vinci sie geschrieben haben mochten [94]. Alle Sätze waren kurz und unbefriedigend. Die hohen Stimmen waren die besten. Das Orchester mittelmäßig. Responsorien wie in Linz.

Die Resonanz ist viel geringer als in einem so großen Raume zu erwarten wäre, vielleicht weil unter den gro-

ßen Türmen nur kleine Nischen statt eines Querschiffs sind.
Wunderbare Altarskulptur, zwei schöne gemalte Fenster in der Nähe des Altars. Schade, daß die anderen zerstört wurden mit Ausnahme des ersten links vom Chor und in der schönen kleinen Kapelle unter dem Südwestturm nahe dem großen Tor, die selten oder nie benutzt zu werden scheint. Über dem Altar in der Seitenkapelle links vom Hochaltar ein ausgezeichnetes Gemälde eines Kopfes, eines Guido (Reni) würdig – so viel Kraft und Energie des Ausdrucks wie ich je gesehen.
10 Uhr, Hochamt bei St. Anna.
Herr Eybler hatte mir gesagt, daß eine seiner Messen (Nr. 4 in C) aufgeführt werden würde, da gerade Annentag war, und so beschloß ich hinzugehen und etwas von einem Komponisten zu hören, den mein Freund Latrobe so hoch schätzt. Sowie jedoch das Kyrie begann, merkte ich, daß es Haydns schöne B-dur-Messe war (Nr. 16 in meiner Ausgabe, Theresien-Messe).
Credo zu schnell. »Et incarnatus est« in B-dur der schönste Satz der ganzen Messe: es hätte mit größerer Feinheit gesungen werden sollen und Instrumente und Singstimmen hätten verhaltener klingen müssen. Die erste Geige und der Baß die besten Spieler. Das ist die beste Kirchenmusik, die ich bisher in Deutschland gehört habe.
Offertorium vermutlich von Naumann.
Eine sehr aufgeputzte Statue der heiligen Anna mit einem Mohrengesicht, für die Gelegenheit hergerichtet, schien die Aufmerksamkeit der Kongregation, die wie gewöhnlich fast ausschließlich aus Frauen bestand, auf sich zu ziehen.
Die Kirche ist im römischen Stil gebaut, nicht großartig,

die Pfefferkuchendekoration sieht sehr abgenutzt aus. Drei Kapellen auf jeder Seite, keine Seitenschiffe.

Hofburgkapelle, Sonntag, 26. Juli.

Um 11 Uhr wohnte ich dem Hochamt in der Hofburgkapelle bei. Asperges in a-moll, begleitet, die Versikel gregorianisch, von den Stimmen allein gesungen. Eine der besten kleineren Orgeln, die ich bisher gehört. Introitus »Eructavit cor meum« in B-dur, guter alter Stil.

Mozart in D, Nr. 6.

Gutes, wenn auch kleines Orchester, einige Mitglieder des Opernorchesters. Eybler dirigierte; er sagte mir, er habe die Instrumentation ergänzt, da Mozart die Messe nur für 2 Geigen und Baß für irgendeine kleine Kirche geschrieben hatte[95]. Die beste Aufführung, der ich bisher begegnet bin. Nicht viele Ausführende, aber alle tüchtig.

Graduale von Michael Haydn. Gut gearbeitet, guter, solider Stil.

Das Offertorium wurde von einer kurzen Ouvertüre eingeleitet. Begann mit dem Tenor, wie eine Hymne. Responsorien gregorianisch, siebenter Ton. Gegensatz zwischen Tenor- und Sopranstimme, die sich am Ende vereinigen. Originelle und gute Musik.

Schöne Phrase am Ende des Credos, wie Glucks »Orpheus«.

Leises Orgelzwischenspiel vor dem Benedictus. Gute Orgel, einfache, sanfte Melodie. Agnus Dei in h-moll begann mit Sopransolo und Dona nobis, das ich auch aufgeführt habe... Kein Tantum ergo bei der Benediktion. Letztes Nachspiel in e-moll, endete in D, keine Fuge, was mich enttäuschte, denn der Organist war sehr gut.

Gotische Kapelle, klein und hoch, wie die portugiesische; ganz schlicht. Ein Bronze-Kruzifix. Nirgends Gold, nur am Tabernakel und rund um eine Statue in einer Nische. Vier Soldaten mit aufgepflanztem Bajonett und Dreispitz am Altar . . . Die unterste Galerie für den Chor, die beiden darüberliegenden für die kaiserliche Familie, die den Altar und die Kapelle überblicken und mit dem Innern des Schlosses verbunden sind. Gewölbte Decke, neun gotische Statuen in Nischen in halber Höhe an den Wänden. Schade, daß hinter dem Altar keine gemalten Glasfenster sind.

Guter Geschmack des Kaisers, daß keine Kronen oder andere äußere Zeichen der Kaiserwürde auffallend zur Schau gestellt sind.

Eybler machte kein Aufhebens und keinen Lärm, sondern dirigierte ruhig wie ein vollendeter Musiker. der wußte, daß er von Leuten umgeben war, die ihr Fach auch ohne sein Zutun kannten.

Eybler hat eine beneidenswerte Stellung: er scheint nichts anderes zu tun zu haben, als Messen und andere gute Musik zu schreiben, wenn er sich dazu aufgelegt fühlt, mit der Gewißheit, sie von einem ausgezeichneten Orchester von kultiviertem Geschmack (das seine besten Werke wohl zu würdigen weiß) aufgeführt zu sehen. Möge er dieses glückliche Los noch lange genießen, das ihm seine berufliche Fähigkeit und seine schätzenswerten menschlichen Eigenschaften verschafft haben. Wollte Gott, sein Freund, der arme Mozart, hätte dieselben Möglichkeiten gehabt, sein unvergleichliches musikalisches Genie so ruhig und unabhängig zu üben.

Wenn ich in Wien leben würde, käme ich jeden Sonntag hierher, um klassische Musik gut aufgeführt zu hören; ich ginge in den Dom, wenn ich einen Gottesdienst in größerem Maßstabe hören wollte.

Zwischen 2 und 3 Uhr gingen wir wieder zu St. Stephan in der Erwartung, die Vesper zu hören, aber der Gottesdienst wurde nur von einem unbegleiteten Choral eingeleitet.
Ich ging daher zur Pfarrkirche bei den Schotten, die die beste Orgel in Wien besitzen soll. Als ich aber um 3 Uhr eintraf, fand ich eine langweilige, dröhnende Predigt im Zuge und nachdem ich fast eine halbe Stunde lang gewartet, war meine Geduld völlig erschöpft und ich kehrte nach Hause zurück.
Ich tröstete mich indes mit der Hoffnung, dieses Lieblingsinstrument der Wiener später einmal zu hören.
Die Schottenkirche sieht ehrwürdig aus und hat im Innern eigenartige, dunkle Holzschnitzereien.

M. N.

Am 25., dem Fest der hl. Anna, wird im Prater ein großes Feuerwerk veranstaltet.
Wer einen Begriff von dem außerordentlichen Volkreichtum dieser kleinen Stadt haben will, muß eine solche Veranstaltung erlebt haben. Ich glaube, daß im Prater nicht weniger als zehntausend Menschen gewesen sein müssen, aber trotz des Gedränges gab es keinen Zwischenfall, kein Stoßen, keine Taschendiebe, keine Pöbelhaftigkeit, obwohl zwei Drittel der Leute Dienstboten mit ihrem Schatz waren. Für etwa 15 Pence bekamen wir sehr gute Sitze und das etwa einstündige Feuerwerk war sehr schön. In mancher Hinsicht machen wir es in England besser, aber einige Luftballons, die die Farbe wechselten, waren sehr geschmackvoll. Nach dem Feuerwerk ließ man zwei helle Lichter brennen, um den An-

wesenden hinauszuleuchten und der ganze, breite Weg war beleuchtet, damit man sich zurechtfinden könne und in der langen Linie der Wagen herrschte die größte Ordnung. Auf allen Seiten waren zahllose Buden mit Erfrischungen und Tanzböden, die vermutlich die ganze Nacht geöffnet blieben. Auf dem ganzen Weg in die Stadt und in der Stadt selbst reihten sich Bier-, Billard- und Weinhäuser aneinander, aber die Musik ist um nichts besser als in unseren Teegärten, und die meisten Musiker sind sonnengebräunt wie die Neger.

V. N.

Mittwoch, 29. Juli. St. Stephan, 4 Uhr. Ich kam in der Hoffnung, eine musikalische Vesper oder Litanei zu hören, aber nur die Priester sangen und die Orgel spielte lediglich ein paar Akkorde als Einleitung. Ich stieg zur Orgelgalerie empor und fand einen ältlichen Mann an der Orgel. Da er gutmütig aussah (etwa wie Hummel), sprach ich ihn an und sagte, ich würde es mir als große Ehre anrechnen, wenn er zum Schluß eine Fuge von Sebastian Bach spielen würde. Er antwortete sehr höflich, daß er meinen Wunsch nicht erfüllen könne, da ein Orgelnachspiel an Werktagen nicht üblich sei. Die Orgel hat neben den Pedalen nur eine Reihe von Tasten. Das leise Register, das unserer Dulciana entspricht, ist sehr verhalten, voll und süß im Ton und ist bei weitem das beste Register der Orgel. Den Pedalpfeifen fehlt es an Würde und Macht.
Vom Dom ging ich zu Herrn Haslinger, wo ich einen angenehmen, älteren Herrn am Ladentisch lehnend fand, der meinem alten Freunde Salomon so ähnlich sah, daß

ich ihn für seinen Bruder hätte halten können. Auf meine Frage erfuhr ich zu meiner großen Befriedigung, daß er Herr Gyrowetz war, der mit Haydn in England gewesen und dessen Symphonien in Salomons Konzerten abwechselnd mit denen seines berühmten Freundes gespielt worden waren [96].

Herr Haslinger war so freundlich, mich vorzustellen, und ich hatte noch das weitere Vergnügen, daß er auch fließend englisch sprach. Er begann sogleich eine sehr herzliche und vertrauliche Konversation mit mir. Er sagte, es sei etwa vierzig Jahre her, daß er in England gewesen und sprach mit großer Wärme von seinen alten Freunden Clementi, Salomon, Cramer jun. und seinen beiden Söhnen. Als ich ihm von meinem Bedauern darüber sprach, daß man so wenig von der Musik Mozarts oder Haydns höre, weder Opern noch Messen, Quartette, Quintette, schüttelte er den Kopf und sagte, die Zeit der guten Musik sei vorbei. Er deutete auf die großen Mengen von Walzern, Airs mit Variationen, Tänzen, Märschen und albernen Stücken, die auf dem Ladentisch der Musikalienhandlung ausgebreitet lagen und sagte (mit einem Lachen gerechter Verachtung), daß das die Art Musik sei, die in Deutschland nun Mode mache, und er fügte hinzu, daß er ein paar von meinen Lieblingsquartetten von Haydn, Mozart usw. hätte aufführen lassen, wenn er von meinem Kommen verständigt worden wäre. Da aber die Musiker, die ihnen gerecht werden konnten, im Sommer schwer zusammenzubekommen waren und ich Wien übermorgen verließ, fürchtete er, daß sein Wunsch nicht würde erfüllt werden können.

Er versprach, etwas in mein Album zu schreiben. Ich erbot mich, Cherubini, den ich bald in Paris zu sehen hoffte,

eine Botschaft von ihm zu überbringen, und er wünschte, diesem berühmten Komponisten, den er (wie die besten Beurteiler in Deutschland) für den größten Meister unserer Zeit hält, seine besten Grüße zu übermitteln.
Herr Gyrowetz, der nun recht bejahrt sein muß, macht nicht den Eindruck eines alten Mannes. Er ist kräftig, von robuster Gesundheit und lebhaften Geistes. Er hat (glaube ich) erst vor kurzem eine Oper geschrieben, die sehr erfolgreich war [97].
Ich begegnete auch dem Neffen des Herrn Müller, Komponisten am Leopoldstädter Theater [98]. Er spricht fließend französisch und übersetzte dem Gehilfen in Herrn Haslingers Laden, der nur deutsch sprach, meine Wünsche. Er stellte mich Herrn Assmayr [99] vor, dem zweiten Organisten der Hofburgkapelle, der zufällig dazu kam. Herrn Haslingers Etablissement scheint ein Lieblingsaufenthalt und Treffpunkt der besten Musiker Wiens zu sein.
In der Nähe von Mozarts Haus in der Rauhensteingasse hörte ich die Fuge aus der Ouvertüre zu Händels Alexanderfest auf dem Klavier, das einzige gute Musikstück, das ich auf diesem Instrument in Deutschland gehört habe. Gehe täglich einige Male an dem Hause vorbei.
Bei Herrn Streicher um halb zwei Uhr zum Essen [100]. Herr Streicher wohnt in der Ungargasse, nicht weit von der Landstraße, und zählt zu den hervorragendsten Klaviermachern Wiens. Sein Sohn hat verschiedene Verbesserungen der Konstruktion der Tasten und der Mechanik erfunden. Der Ton ist brillant und stark, ohne rauh zu sein. Der Anschlag ist so, daß ein Spieler von Gefühl und Geschmack die feinsten Schattierungen von laut und leise ausführen kann. Nach allem, was ich von Herrn Strei-

chers Instrumenten gehört habe, müssen sie allen anderen weit überlegen sein, die ich bisher in Deutschland gefunden.

Frau Streicher ist selbst sehr sachverständig und beaufsichtigt gelegentlich die Erzeugung. Sie hatte das seltene Vergnügen, mit Mozart, Haydn, Clementi und Hummel befreundet zu sein und hatte den noch selteneren Vorzug genossen, Mozart zu ihrem Musiklehrer zu haben. Ihr Vater war Musiker in Augsburg und spielte nicht nur die Orgel, sondern baute selbst eine Orgel für die Kirche, wo er angestellt war (Barfüsserkirche). Madame lobte dieses Instrument sehr und bat mich, darauf zu spielen, wenn ich auf der Rückreise nach Augsburg käme.

Herr Streicher war mit Mozart in dessen letzten Lebensjahren befreundet und gab dem jüngeren Sohne die ersten Klavierstunden. Er lernte fünf Jahre lang bei ihm und nahm dann Kontrapunktstunden bei Herrn Gallus.

Herrn Streichers Meinung von der Witwe ist nicht so gut, wie ich gewünscht hätte. Da er aber wenig darüber sagte – es schien ein wunder Punkt zu sein – fühle ich mich nicht berechtigt, seine Worte zu wiederholen. Ich bemühe mich immer und bei jeder Gelegenheit, die Wahrheit festzustellen und in allen Dingen, die die Öffentlichkeit angehen, getreu wiederzugeben. Aber private Angelegenheiten und Geschwätz, womit die Welt nichts zu tun hat, wünsche ich weder zu erfahren noch niederzuschreiben.

M. N.

Wir aßen bei Herrn Streicher zu Mittag, der der erste Klaviermacher Wiens ist und Mozart gekannt hat. Er ist ein würdiger Mann, aber zu wichtigtuerisch in seinem Gehaben, das doch schließlich ganz gewöhnlich ist. In der Tat tut er so wichtig, weil er eben erst bei der alltäglichsten Weisheit angelangt ist. Er urteilt sehr streng über Madame Mozart aber fürchtet, ihre Gefühle zu verletzen, wenn sein Name in Verbindung mit Geschichten genannt wird, die er Vin über ihren Mann und Beethoven erzählt.

V. N.

Wir machten eine kleine Rundfahrt mit Mme. Streicher und einem Herrn, der englisch sprach.
Beethoven lebte drei Jahre lang im Schwarzspanierhaus, Nr. 200 am Glacis, gegenüber dem Schottentor, im ersten Stockwerk [101]. Die Familie war abwesend und die Räume waren versperrt, so daß wir die Wohnung nicht sehen konnten, wo dieses große Genie das Zeitliche gesegnet hat. Sehr angenehme Lage mit schöner Aussicht auf Wien und St. Stephan auf der einen Seite und einem hübschen Garten auf der anderen, wo Beethoven wohl oft sich ergangen hat, wenn er seine großen Orchestereffekte ersann und seine herrlichen Symphonien plante.

M. N.

Frau Streicher war mit Beethoven sehr eng befreundet und besitzt mehr als 50 Briefe über persönliche Angelegenheiten [102]. Sie unterhielt uns mit der Beschreibung seines eigenartigen Verhaltens zu seinen Dienstboten, die er manchmal allesamt aus dem Hause jagte. Er muß persönlich ein höchst eigenwilliger und unangenehmer Mensch gewesen sein. Sie erzählte, daß er wie ein Bettler

ausgesehen habe, seine Kleidung war schmutzig, er war wie ein Bär, launisch und mürrisch, sein Lachen klang wie ein Brüllen, er beschimpfte die Leute, die an ihm vorbeigingen, aber trotz all dem hält sie ihn für einen guten Menschen, was ich bezweifle, denn er war habgierig und mißtrauisch. Es machte ihm Vergnügen, die Hand eines Besuchers solange zu drücken, bis es weh tat und sagte, niemand könne eine Hand recht drücken, der nicht ein gutes Gewissen habe. Er machte sich über die geringsten Dinge Sorgen. Frau Streicher versprach ihm, etliche Bettdecken waschen zu lassen, und er quälte ihren Mann darüber zu Tode und schrieb ihr einen Brief nach Baden, worin er die Worte »Wo sind meine Bettdecken?« in Musik setzte[103]. Ein andermal kam er nach Baden, wo sie sich aufhielt, aber anstatt an die Türe zu klopfen, warf er seine Karte durch das offene Fenster, was den Dienstboten nicht wenig erschreckte, da Beethoven so sonderbar aussah. Er ging oft viele Meilen weit durch die Felder, setzte sich nieder, um etwas niederzuschreiben oder schlief ein und wurde vom Regen völlig durchnäßt. Seine Bediensteten mochten ihn nicht leiden und so war er oft sehr vernachlässigt.
Was wir über Beethoven hören, macht ihn uns nicht liebenswerter. Herr Streicher sagt, er sei wie Rousseau gewesen, immer eifersüchtig, immer argwöhnisch, daß seine Freunde ihn betrogen, selbst bevor ihn die Taubheit überfiel.

V. N.

Madame Streicher erzählte uns viele Geschichten von Beethoven, sie war seine Schülerin (ebenso wie Mozarts).

Beethoven hatte eine rauhe Schale und war nicht anziehend, besonders am Anfang, aber trotzdem großartig. Exzentrisch und mißtrauisch gegen jedermann – eine Mischung von Sam Wesley und Rousseau – las sehr viel (oft während der Mahlzeiten), hauptsächlich Gedichte – Goethe war sein Lieblingsautor.
Die einzigen drei Musiker, die ihm gefielen, waren Händel, Sebastian Bach und Mozart – er haßte alle Etikette und Förmlichkeit – trug schäbige Kleider – Verachtung für Adelige und ihre Gesellschaften – erwies ihnen niemals Respekt – der Neffe, den er so geliebt hat, war mißraten – kränkte ihn und beschleunigte seinen Tod. Von den Bediensteten gequält, ohne eine gute Frau, die ihn gepflegt hätte. Madame Streicher empfahl ihm zu heiraten, aber er schüttelte bitter den Kopf (vermutlich glaubte er, daß keine Frau einen so tauben Mann lieben könnte) – kam am Neujahrstag in neuen Kleidern.
Seine Lieblingsbeschäftigung waren sehr lange Wanderungen auf dem Lande – aber ganz allein, legte sich oft im Regen nieder, nachdem er etwas niedergeschrieben hatte. Wenn er dann nach Hause kam, war niemand da, ihn einzulassen und er blieb die ganze Nacht im Regen.
Alles in Beethovens Natur war von derselben energischen, gewaltsamen Art – sein Lachen war so heftig, laut und rauh wie niemandes sonst. Wenn er jemandes Hand schüttelte, dann brach er ihm fast die Finger in Stücke – selbst wenn er scherzte war er wie ein großer Bär.
Sie wohnte seinem Begräbnis bei und stand an der Stelle im Hof, wo sein Leichnam niedergesetzt wurde, ehe der Leichenzug begann – neugierige Menge von Menschen. Streicher besuchte ihn kurz vor seinem Tode, war aber zur Zeit des Begräbnisses selbst krank. Er kaufte Manu-

skripte in der Versteigerung – gab sie Madame, die mir zwei Blätter davon schenkte.
Grabmal auf dem Friedhof in Währing, in Form einer Pyramide an der Wand zur Linken. Schmetterling und Schlange als Zeichen der Unsterblichkeit, darunter eine goldene Leier und nur sein Name in großen, goldenen Buchstaben (guter Geschmack). Eine große, in zwei Stücke gebrochene Granitplatte ohne Inschrift bedeckt das Grab. Nachdem er begraben worden war, wurde die Stätte jede Nacht bewacht, damit die Leiche nicht gestohlen würde.

M. N.

Herr Streicher verbrachte den Abend mit uns und war sehr gesprächig, er sagt, es sei Madames Schuld, daß Mozart kein Denkmal errichtet worden sei, aber beweist es nicht.

V. N.

Das Denkmal für Mozart ist ein wunder Punkt für Streicher, Gyrowetz und jedermann von gutem Geschmack und Gefühl.
Der Musikalienhändler André in Offenbach ist mit Herrn Streicher verwandt (ich glaube, Streichers Sohn hat Herrn Andrés Tochter geheiratet). Er hätte gerne die Mozartschen Manuskripte aus Andrés Besitz; bedauert, daß sie nicht veröffentlicht sind und hält es für unklug, ihr Erscheinen so sehr zu verzögern. Ich konnte nicht genau feststellen, um welche Manuskripte es sich handelte, aber Streicher meinte, daß es hauptsächlich einige der frühen

Klavierstücke seien, in welchem Falle ich die Veröffentlichung nicht für eine gewinnbringende Spekulation halte. Es wäre anders, wenn es sich um Vokalwerke oder um ganze Opernszenen, um kirchliche Werke in Partitur oder um andere größere Kompositionen handeln würde. Es tut mir leid, daß ich keine Gelegenheit haben werde, Herrn André zu besuchen, die Manuskripte zu sehen und mir ein Urteil über ihre Art und ihren Wert zu bilden. Streicher sagte, daß der junge Mozart eine lässige Natur sei, aber große Begabung besitze. Er lehrte ihn das erste Konzert, das er im Alter von 13 Jahren öffentlich spielte. Der junge Mozart komponierte das Konzert und Streichers Bruder fügte die Orchesterbegleitung hinzu. Crescentini (den Streicher für den besten Sänger hält, den er je gehört hat[104]) war vom Andante entzückt und konnte gar nicht glauben, daß es von einem Knaben, wie Mozarts Sohn damals war, geschrieben worden sein könnte. Er fragte Mozart selbst, der zur Antwort gab: »Ich habe es geschrieben und sein Bruder hat die Instrumentation gemacht.«
Nach dem Konzert forderte er den jungen Mozart auf zu extemporieren, damit die Zuhörer eine bessere Vorstellung von seinem Talent hätten. Mozart versicherte, daß er das nicht könnte und brach sogar in Tränen aus, aber Streicher, der seine Begabung besser kannte als er selbst, bestand darauf, daß er sich bemühe und gab ihm als Thema das schöne Menuett seines Vaters aus »Don Giovanni«. Der Knabe setzte sich endlich an das Klavier und blies die Lichter aus, um zu zeigen, daß er keine Notizen hatte, die ihm hätten helfen können, und improvisierte zur Verwunderung und zum Entzücken aller Anwesenden die meisterhaftesten und bezauberndsten

Variationen auf das Thema, das ihm so unerwarteterweise vorgelegt worden war.
(Streicher erwähnte, daß Mozart zum Landwirten hätte erzogen werden sollen, nachdem er einen solchen Grad der Vollkommenheit erreicht hatte, statt die Musik zu seinem Beruf zu machen.)
Streicher wünschte, er sollte eine Symphonie oder irgendeine andere große Komposition schreiben und sie Haydn widmen, aber Mozart hatte nicht den Mut, Streichers Rat zu folgen, denn er schien immer sein Talent zu unterschätzen und fürchtete, daß, zu seinem Schaden, alles, was er schüfe, mit den Werken seines Vaters verglichen werden würde. Streicher entschuldigte diese Untätigkeit und Trägheit des jungen Mozart und erklärte sie philosophisch und aus natürlichen Ursachen, denn Madame Mozart war zwölf Monate lang vor seiner Geburt durch eine Indisposition ans Bett gefesselt, sie wurde in dieser Zeit schwanger und kam unter denselben ungünstigen Umständen von Schwäche und Krankheit nieder.

M. N.

... Er mag den jungen Mozart gut leiden und hat ihn seit seinem fünften Lebensjahr unterrichtet. Er glaubt, daß er ebenso genial sei wie sein Vater, aber durch irgendeine körperliche Ursache sei er so außerordentlich indolent, daß er es nicht weit bringen werde.

V. N.

Streicher begleitete sehr musikalisch drei von Mozarts reizenden kleinen Liedern aus Nr. 5 der von Breitkopf

& Härtel herausgegebenen Cahiers[105], und eine junge Dame, die seine Schülerin war, sang mit Ausdruck und guter Empfindung. Die ganze Zeit über stand Beethovens Büste vor mir und auf dem Tische lagen Notenblätter in seiner Handschrift, aus denen ich mir auswählen durfte, was mir gefiel. Ich wählte zwei halbe Bogen, einen Teil einer Partitur und ein Blatt mit Skizzen von Motiven für ein Finale, einem Fugenthema usw., und ich werde sie mit der größten Verehrung aufbewahren.
Schöne Büste nach einer Gesichtsmaske – nur ein Abguß, die Maske zerstört – schade, nicht sehr großzügig, so etwas zu tun – das große Porträt von ihm, seine Messe schreibend, ist das beste[106].
Er sieht dem Schauspieler Power sehr ähnlich, hat aber einen energischeren und ernsteren Ausdruck, voller Blatternarben, besonders an der rechten Hälfte des Kinns. Es war schwierig, ihn zum Porträtsitzen zu bewegen. Sie hat etwas von seinem Haar in einem Rahmen – als sie ihn darum bat, verweigerte er es zuerst, sagte aber dann: »Schneiden Sie einen Büschel ab, wenn Sie wollen.«

M. N.

Herr Streicher hält Beethoven für undankbar. Er war ein Schüler von Haydn und Albrechtsberger, gab es aber nie zu, weder mündlich noch schriftlich.

V. N.

Haydn bewunderte Madame Streichers Klavierspiel (sie spielt immer noch ausgezeichnet). Ich hörte von ihr ein sehr geschmackvolles Rondo von Cipriani Potter in C, das Frau Miles gewidmet ist.

Baron van Swieten übersetzte die Texte von »Messias«, »Alexanderfest«, »Judas Makkabäus« für Mozart und »Acis und Galathea« für irgendeinen anderen deutschen Komponisten, damit sie die Händelsche Instrumentation ergänzten. Er schrieb auch den Text zu den »Jahreszeiten« für Haydn, der nicht viel damit anzufangen wußte ... Nach der ersten Aufführung der »Jahreszeiten« besuchte Streicher Haydn, um ihn zur Vollendung eines neuen großen Werkes zu beglückwünschen. Er sagte, die Texte der »Schöpfung« hätten ihn inspiriert, da er Engel singen zu lassen hatte. »Die Jahreszeiten« kosteten ihn mehr Mühe als »Die Schöpfung«, für eine Fuge allein (in B-dur, die ich in dem Motettenbuch veröffentlicht habe) brauchte er sechs Wochen – und doch schien niemand viel davon zu halten. Haydn war sehr verletzt von den boshaften Bemerkungen und Kritiken über sein Oratorium – und war nachher nicht mehr gesonnen, sich für so undankbare und geschmacklose Leute wie die Mehrzahl der Wiener in musikalischen Angelegenheiten zu bemühen.
Haydn war entzückt darüber, daß Streicher das Werk schätzte und umarmte ihn.
Streicher erzählte uns auch, daß die Kaiserin Maria Theresia bei der ersten öffentlichen Aufführung einer Messe von Haydn anwesend war – Hasse stand neben ihr und sie fragte ihn um seine Meinung über den jungen Komponisten.
Hasse sagte ihr, Haydn besäße alle Eigenschaften eines großen Komponisten, schöne, ausdrucksvolle Melodien, gute Harmonien, originelle Erfindung, Mannigfaltigkeit der Effekte, symmetrischen Aufbau, richtigen Kontrapunkt, gute Modulation und feinen Geschmack. Hasse

sagte auch voraus, daß Haydn einer der größten Komponisten der Zeit werden würde. Diese großmütige Meinung ermutigte Haydn so sehr, daß er von diesem Augenblick an sich auf das Äußerste anspannte, um die schmeichelhafte Vorhersage zu erfüllen. Er beschloß auch, selbst nie ein hartes oder strenges Urteil über die Werke eines jungen Komponisten zu fällen, sondern sein Äußerstes zu tun, um ihn zu ermutigen, damit er mit Ausdauer und Freude in seinen Studien fortfahre.
Haydn hielt sich sein Leben lang an diesen Beschluß und kein anderer war so großherzig und gerecht gegenüber den Verdiensten anderer als dieser große Meister der Kunst.
Geschichte von Hummel, wie er Haydn eine seiner frühen Messen zeigte, der so viel daran zu ändern hatte, daß schließlich nichts davon übrig blieb. Hummel hat seinen Stil offenbar dem Haydnschen nachgebildet – siehe seine Nr. 1 in Band Nr. 2 in Es.

M. N.

Er glaubt, daß Haydn viel für Hummel getan und seine ersten Messen korrigiert habe. Hummel lebte fünf Jahre mit Mozart [107], der ihn oft aus dem Schlaf zu wecken und zum Spielen zu zwingen pflegte, wenn er heimkam und etwas probieren wollte. Dann rieb sich das Kind wohl die Augen und wollte nicht gehorchen, aber er gab ihm ein Glas Wasser, rief »Das ist ein gutes Kind!« und sie spielten miteinander.
Man sagt mir von dem Dichter Schiller, daß er sehr liebenswert gewesen sei, sich aber überarbeitet habe, besonders nachts, was, zusammen mit einem alten Lungenleiden, seinen Tod beschleunigt habe [108].

M. N.

(29. Juli) Ich hätte erwähnen sollen, daß wir gestern die kaiserliche Bibliothek besuchten, um das Original des Requiems zu sehen, das der Abbé dort hinterlegt hat. Es soll in Kürze genau so veröffentlicht werden, wie Mozart es zurückgelassen hat, mit bloßen Anmerkungen an manchen Stellen und Entwürfen an anderen. Es waren auch Manuskripte Haydns dort, eine seiner Messen und »Die Schöpfung«. Der Saal ist höchst prächtig, reich vergoldet, Statuen, gemalte Kuppel.

V. N.

Wir besuchten mit Abbé Stadler die kaiserliche Bibliothek. Seine Exzellenz, Graf Dietrichstein, der Intendant dieser wunderbaren Bibliothek, war außerordentlich liebenswürdig und höflich zu mir (was ich ausschließlich der Güte des Abbé Stadler verdanke) und gab sich alle Mühe, meine Neugier zu befriedigen, nicht bloß was Mozartsche Manuskripte betraf, sondern auch alle andere Musik in dieser fürstlichen Sammlung, die in der Tat eine der reichhaltigsten und größten ist, die ich je besucht habe. Haydns Original-Manuskript der B-dur-Messe, Nr. 16, Skizzen zur Fuge »et vitam« Nr. 1, ebenso zur »Schöpfung« (sehr interessant und kurios). Schöne illuminierte Meßbücher. Kirchenmusik von Hofheimer.
Die Bibliothek besitzt ein Exemplar von Mozarts früher Oper »Ascanio in Alba«, das einzige Exemplar, das ich kenne. Ich fragte auch nach den anderen Opern »Il re pastore«, »La finta giardiniera«, »Sulla«, »Mitridate«, aber sie hatten keine Exemplare und da ich nun in ganz

Deutschland vergeblich danach geforscht habe, muß ich fürchten, daß diese Keimzellen des unvergleichlichen Mozartschen Genies unwiederbringlich verloren sind[109]. Der »Ascanio« ist in zwei Bänden gebunden, jeder Akt gesondert. Die Einleitung geht aus D-dur, und ich hätte gerne den ganzen Tag dem Studium dieser Oper gewidmet, aber ehe ich noch das zweite Stück ansehen konnte, wurde ich aufgefordert, andere seltene Handschriften anzusehen, welcher Aufforderung ich nur zögernd folgte. Da gab es auch eine gute Sammlung der Werke Händels in Partitur (die Arnoldsche Ausgabe, nicht Walsh) [110].

V. N.

Herr Kandler gab mir einen von Haslinger herausgegebenen Stich von Beethovens Grab. Zeigte mir Manuskripte von Padre Martini, Crescentini, Paganini, Beethoven, Winter und anderen großen Musikern der deutschen und italienischen Schule. Er wünschte, daß ich mit ihm Haydns Haus besuchte und hatte sich darüber erkundigt, aber ich hatte versprochen, Abbé Stadler in seiner Wohnung aufzusuchen und konnte mein Versprechen nicht brechen. Beim Abschied behandelte mich der gütige Abbé wie seinen Lieblingssohn. Ich habe selten in so kurzer Zeit eine so große Verehrung und Zuneigung für jemanden empfunden wie für diesen wunderbaren Mann, der ein Beispiel für alle ist. Er besitzt all den Zauber, der aus der seltenen Vereinigung von geistiger Überlegenheit, kultiviertem Talent, beispielgebenden Tugenden, vornehmen Manieren und edlen Gefühlen entspringt und hat vor allem ein Herz überfließend »von der Milch menschlicher Güte« für alle seine Mitmenschen.

Ich versprach, ihm zu schreiben. Am nächsten Morgen sandte ich ihm mit meiner Adresse ein kleines Andenken (Kaffeetasse aus Porzellan) als letzten Dank für die außerordentliche Güte, womit er mich ausgezeichnet hatte.

M. N.

Abbé Stadler verabschiedete sich sehr herzlich von uns und küßte Vin väterlich auf die Wange. Gott segne den lieben, alten Mann. Ich wäre vor ihm niedergekniet, wenn nicht Leute anwesend gewesen wären, die mich für affektiert gehalten hätten. Auch Herr Kandler war beim Abschied sehr höflich und selbst herzlich. Er ist ein eleganter und vollendeter Mann, aber scheinbar nicht sehr gesund.

V. N.

Der erste Teil des Requiems in Mozarts Handschrift ist nun unauffindbar, aber glücklicherweise hat Abbé Stadler das Manuskript abgeschrieben, ehe es an den Baron geschickt wurde, der es bestellt hatte, und diese Abschrift hat er der kaiserlichen Bibliothek geschenkt [111]. Die Skizze des »Dies irae« in Mozarts Hand existiert. Sie enthält die vollständigen Singstimmen des »Dies irae«, des »Tuba mirum«, »Recordare«, »Rex tremendae«, »Confutatis« (welches ist die richtige Reihenfolge?) und der ersten 8 Takte des »Lacrymosa« mit Andeutungen der wesentlichen Züge der Begleitung. Hie und da, wo ein Orchesterzwischenspiel oder ein besonderer Effekt beabsichtigt war, war der Baß beziffert, um die Akkorde anzugeben, die er wünschte, so daß es für Süßmayr oder

jeden anderen, der von Mozart unterwiesen wurde, leicht gewesen sein muß, die »Remplissage« auszusetzen.
Das »Offertorium«, beginnend mit »Domine Jesu Christe«, die Fuge »Quam olim Abrahae«, den Vers »Hostias« und die Anweisung, die Fuge »Quam olim« zu wiederholen (die letzten Worte, die Mozart geschrieben hat) sind ebenfalls von Abbé Stadler kopiert, und die Kopie ist der kaiserlichen Bibliothek geschenkt worden.
Die Originalhandschrift besitzt Eybler, der Kapellmeister der Hofburgkapelle, und ich hoffe, daß er dem edlen Beispiel Abbé Stadlers folgen und dieses interessante Manuskript der kaiserlichen Bibliothek schenken wird, damit es mit den übrigen Teilen dieses unschätzbaren Werkes aufbewahrt werde.
Ich habe nicht den geringsten Zweifel, daß auch das »Sanctus«, »Benedictus«, und »Agnus Dei« von Mozart stammen und erkläre mir das Verschwinden der Originalpartitur in derselben Weise wie den Beginn des Requiems, mit dem Unterschied freilich, daß die Partitur an den Baron, der sie bestellt hatte, geschickt worden war, ehe Abbé Stadler sie sehen und eine Abschrift davon nehmen konnte, wie er mit dem Kyrie usw. getan.
Ich kann nur ernstlich hoffen, daß Baron Walsegg oder wer sonst dieses kostbare Manuskript besitzen mag, die ehrenvolle Großherzigkeit besitzen wird, bei seinem Tode (denn es wäre zu viel verlangt, daß jemand zu seinen Lebzeiten sich von einem solchen Schatz trennen sollte) es der kaiserlichen Bibliothek zu hinterlassen, um Mozarts Gedächtnis Gerechtigkeit widerfahren zu lassen und allem ferneren Streit ein Ende zu setzen.
Artaria hat das vollständige Originalmanuskript von Haydns »Kyrie« aus der Messe Nr. 5 in G und das

»Kyrie« und einen Teil des »Gloria« aus einer Messe in d-moll, betitelt »Sunt bona mixta malis«, die nie veröffentlicht worden sind. Ich kaufte sie für sechs Gulden. Artaria besitzt die Originalexemplare der Arie in G aus der »Clemenza di Tito« und Mozarts Phantasie in f-moll für eine mechanische Orgel.

V. N.

Madame Streicher machte uns ihren Abschiedsbesuch – sie sagte, Beethovens Leben hätte verlängert werden können, wenn er den königlichen Leibarzt behalten hätte, den er am Beginn seiner Krankheit konsultiert hatte, aber er fürchtete, daß seine Mittel für die zu erwartenden Kosten nicht ausreichen würden und war zu stolz, eine kostenlose Behandlung anzunehmen.
Madame Streicher schließt das aus der großen Geschicklichkeit, die dieser Arzt besonders in der Behandlung der Krankheit besitzt, woran Beethoven litt (Wassersucht).
Hummel war während seiner letzten Krankheit viel bei ihm – Hummel erzählte Madame Streicher, daß Beethoven vier Tage vor seinem Tode eine Anstrengung gemacht habe, die Mattigkeit zu überwinden, die sich seiner bemächtigt hatte; er stand von seinem Bett auf und kleidete sich an und sagte zu Hummel, daß es nötig sei, der Krankheit zu trotzen und daß er versuchen wolle, Schmerzen und Stumpfheit zu überwinden – er sagte das mit großer Energie und schien sich wohlzufühlen – doch leider dauerte dieses Aufflackern seines früheren Feuers nicht lange, die Mattigkeit kehrte bald zurück, er wurde immer schwächer und sank schließlich in den Tod.
Einmal, am Beginn seiner Krankheit, als seine Beine

schwach wurden, glitt er in der Nähe seines Hauses aus und stürzte in den Kot, den ein Regenschauer zurückgelassen hatte. Eine Dame in einem benachbarten Hause, die zufällig am Fenster stand und Beethoven kannte, sah den Unfall und sandte sogleich ihren Diener, um ihm zu helfen, aber einige gefühllose Menschen hatten sich angesammelt und lachten statt ihm zu helfen, was Beethoven in solchen Zorn versetzte, daß er entrüstet jede Hilfe zurückwies, obwohl er sich vor Schwäche und Schmerzen kaum bewegen konnte und sich grimmig von dem Diener abwandte, den die Dame geschickt hatte – sie konnte sich der Tränen nicht enthalten im Anblick des Elends, das den großen Mann befallen hatte – taub, mit Kot bedeckt, vor Schmerzen kaum fähig zu gehen und dem Spott der Menge preisgegeben.

Zur Entschuldigung dafür, daß er sich bei der Philharmonic Society über seine Armut beklagt hatte, sagte Madame Streicher, daß er von so vielem Verdruß geplagt war, und daß seine Krankheit ihn so reizbar gemacht hatte, daß er kaum wußte, was er besaß [112].

Er sorgte sich mehr um seinen Neffen als um sich selbst. All sein Denken und Sinnen waren darauf gerichtet, für diesen Mann zu sorgen, dessen Betragen freilich weder Beethoven noch seine Freunde befriedigte.

Beethoven liebte die »plaisirs de la table«, sein Lieblingsgericht war kalter Truthahn in Aspik – und die Pâtés de Périgord – Straßburger Pâté de foie gras.

M. N.

Abbé Stadler brachte eben, als Geschenk für Vin, seine eigene Abschrift der Freimaurerode von Mozart und einen eigenen Kanon für unser kleines Album. Was für ein reizender, alter Mann er ist, der einzige, mit dem ich in Deutschland davonlaufen möchte. Er ist so freundlich, als ob wir einander seit vielen Jahren kennen würden. Er möchte gerne Vin an der Orgel hören, aber es gibt keine gute hier. Ich wünschte, er könnte ihm vorspielen; der Abbé wäre gewiß entzückt, denn was man auch immer von den deutschen Organisten sagen mag, habe ich doch keinen gehört, der Vin nahekommt und ihr Blasen und Pumpen würde niemandem gefallen, der seinen vollen, weichen Ton gehört hat.

Die Rückreise von Wien nach Salzburg

V. N. 30. Juli bis 3. August

Donnerstag, 30. Juli. Verließen Wien um 7 Uhr morgens mit einem Wagen für vier Personen (zwei Pferde). Der Eigentümer des Wagens verpflichtete sich, uns für 32 Gulden Wiener Währung in sieben Tagen nach München zu fahren. Unsere Mitreisenden waren ein deutscher Baron und seine Frau. Er war in der Armee gewesen und beide sprachen etwas französisch.

Ich kann seine Findigkeit nicht genug bewundern, womit er uns beibrachte, daß er einen Titel hatte. Er begann damit, daß er sich über das hohe Fahrgeld in Wien beklagte und daß er für sich 10 Gulden bezahlt hatte. Er bemerkte sodann, daß von verschiedenen Gesellschaftsklassen verschiedene Gebühren gefordert würden, daß gewöhnliche Leute nur 2 Gulden, Mittelständler 4 Gulden, Militär 6, der niedere Adel 8 und der Hochadel 10 Gulden zahlen müßten, wie er selbst. Es war natürlich uns überlassen, daraus zu erraten, daß er ein Baron und Adeliger war. Sein Gesicht war bemerkenswert, in den Zügen Lavater überraschend ähnlich, aber mit einem Ausdruck, der eine sonderbare Mischung von Schlauheit, Drolligkeit und Gutmütigkeit war. Sie sprachen nur von Entfernungen und Geld.

Das Stift zu Melk. Ich ging einen steilen Weg hinan, an einem jäh zur Donau abfallenden Hang. Granitfelsen

von schöner Färbung. Ich gelangte in den schön angelegten Garten, hübscher Brunnen am höchsten Punkt. Zwei Priester wandelten ruhig in diesem stillen und wunderbaren Garten.
Sehr schöne Kirche, römische Architektur, besonders reiche Dekoration. Schöne Orgel in zwei Teilen, zu jeder Seite des Fensters, davor eine kleine Chororgel und das Orchester. Geschmackvolles und passendes Zitat aus der Hl. Schrift: »Laudate Dominum cum chordis et organo, laudate, laudate.« Eine Art Triumphbogen am äußersten Ende des Gebäudes, dem großen Tor der Kirche gerade gegenüber, so daß man den wunderbarsten Blick auf die Donau mit einer alten Burg und anderen malerischen Gegenständen auf beiden Ufern hat, die ganze Landschaft durch den Bogen wie ein Bild in einen Rahmen gefaßt.
Das schönste Kloster, das ich je gesehen habe. Wie ein fürstlicher Palast. Man stelle sich Hampton Court auf einem freistehenden Granitfelsen vor.
Kamen in Amstetten an: kein Bett zu haben. Fuhren weiter zu einer eigenartigen kleinen Herberge.
Sonnabend. Verließen Amstetten um halb fünf Uhr. Herrliche Straße bis Enns, wo wir zu Mittag aßen. Reisepässe. Wir wandten uns nach Klein-München und ließen (zu unserer großen Befriedigung) Linz zu unserer Rechten. Übernachteten in Neubau. Ein sehr großer und angenehmer Gasthof. Mary fand heraus, daß die Wirtstochter sehr schön war.
Sonntag, 2. August. Verließen Neubau um 5 Uhr und trafen zum Mittagessen um halb elf Uhr in Lambach ein. Sehr malerischer Ort, sowohl nach dem Fluß zu als an der Straße nach Wien. Die Häuser stehen romantisch,

teils im Tal, teils mit geschmackvollen kleinen Tempelchen am Berghang bis zur Spitze. Ganz tirolerisch im Stil. Ich ging zur Kirche in der Hoffnung, die Messe zu hören, aber der Gottesdienst war vorüber.
Die Frauen tragen furchtbare weiße Hüte und schwarze Kopftücher und haben weißlich-braune Gesichter.
Montag, 3. August. Als wir langsam dahintrotteten, überholte uns der Eilwagen, und da er aus der Richtung von Wien kam, wurde es uns klar, daß uns der Mann über die Zahl der Diligencen von Wien falsch unterrichtet hatte, und daß es doch wahrscheinlich wöchentlich zwei gab. Darum beschlossen wir, bei unserer Ankunft in Salzburg im Büro nachzufragen, und das war gut, denn es zeigte sich, daß am nächsten Morgen um halb sechs eine Diligence nach München abfuhr, die es uns ermöglichte, am selben Abend einen anderen Wagen zu erreichen und sogleich weiterzureisen.
Ein glücklicher Stern schien über unserer Rückkehr nach Salzburg zu walten, denn der erste, den wir auf dem Büro trafen, war Mozarts Sohn, der eben eine kleine Reise nach Tirol machen wollte und ein paar Minuten vor uns eingetroffen war. Wir blieben natürlich bis zu seiner Abfahrt und schüttelten uns die Hände. Wir erfuhren von ihm, daß Madame Sonnenburg in demselben Zustand der Schwäche war, worin wir sie verlassen, und daß seine Mutter sich, wie gewöhnlich, der besten Gesundheit erfreue. Nachdem er sein Versprechen erneuert hatte, mir zu schreiben, sobald er nach Polen zurückgekehrt sein würde, drückten wir uns die Hand und er fuhr ab.
Der junge Mozart sagte mir, daß seines Vaters Messe in F (Nr. 3 in meiner Ausgabe) (K. 192), eine seiner Lita-

neien und eine Messe von Hummel jüngst bei St. Peter (wo Michael Haydn begraben ist) aufgeführt wurden. Madame bestätigte mir später, daß die musikalischen Aufführungen in dieser Kirche die besten in Salzburg waren.

Memorandum. Mozart liebte Fische, besonders Forellen. Der junge Mozart trägt konkave Brillen, obwohl sein Vater ausgezeichnete Augen hatte. Der junge Mozart sagte, daß der häufige Regen in Salzburg sprichwörtlich sei. Die erste Frage, die an einen Fremden bei seiner Ankunft gestellt wurde, war: »Wo ist Ihr Reisepaß?« und die zweite: »Wo ist Ihr Regenschirm?«

Wir suchten dann Mozarts Witwe auf und auf dem Wege dahin traten wir, durch einen zweiten, glücklichen Zufall, in den Dom, wo der Erzbischof von Salzburg und der Prinz von Schweden (der eben die Stadt auf der Durchreise besuchte) erwartet wurden, um ein Konzert auf der großen Orgel über dem Westeingang zu hören, die gerade gründlich erneuert worden wâr. Das Instrument wird selten benutzt und wenn der zufällige Besuch des Prinzen nicht stattgefunden hätte, hätte ich keine Gelegenheit gehabt, es zu hören.

Es hätte mich sehr gefreut, wenn ich ein gutes Urteil über die Orgel hätte abgeben können, denn es muß eine große Summe Geldes gekostet haben, sie instand zu setzen, aber sie ist ein rauhes und unangenehmes Instrument. Noch kann ich, ohne der Wahrheit ein Opfer zu bringen, viel Gutes über den Spieler sagen, der, anstatt die Töne zu halten und volle Akkorde, Imitationen, Vorhalte und andere Manieren auszuführen, die der Orgel gemäß sind, eine Reihe von Stakkatopassagen, Rossinische Triolen und gemeine Läufe spielte, die in völligem

Widerspruch zur würdigen Feierlichkeit standen, die die Orgel, das vornehmste und erhabenste aller Instrumente, fordert.

Bei unserer Ankunft in Madame Mozarts prächtigem Hause fanden wir, daß sie ausgegangen war, um sich nach dem Befinden Madame Sonnenburgs zu erkundigen. Ihre Schwester (Sophie) empfing uns jedoch so, daß wir überzeugt waren, die Überraschung, uns zu sehen, sei ihr angenehm, und während wir die Rückkehr der Witwe Mozarts erwarteten, zeigte sie uns eine Messe ihres Mannes, die sie am selben Tage aus Schwaben erhalten hatte um sie dem jungen Mozart zu schenken, der eine Probe von der kompositorischen Begabung ihres Mannes besitzen wollte[113]. Auf einen flüchtigen Blick in die Partitur (die nicht veröffentlicht ist) schien sie mir ein tüchtiges, kontrapunktisches Stück. Sie ging aus C-dur und war den kleinen Messen nachgebildet, die Mozart für Klöster und andere Institutionen mit beschränktem Orchester geschrieben hat.

Im Laufe der Unterhaltung erzählte uns Madame Haibl, daß Mozart ungefähr die gleiche Statur gehabt habe wie sein Sohn, bloß kleiner. (Madame Mozart sagte uns, daß beide Söhne dem Vater gleichen, besonders aber der jüngere.) Sie erzählte uns auch, daß Mozart in ihren Armen gestorben sei. Am Tage seines Todes hatte er an dem Requiem gearbeitet und einem Freund (es muß Süßmayr gewesen sein) Anweisungen gegeben, wie gewisse Stellen auszuführen waren.

Nachher sagte er zu ihr: Meine liebe Sophie, bleiben Sie heute Nacht bei Ihrer Schwester, denn ich fürchte, daß ich sterben muß.« Sie bot alles auf, um ihn zu trösten und zu ermutigen und diese trüben Gedanken zu ver-

scheuchen, aber er wiederholte, daß es mit ihm zu Ende gehe und daß er schon den Totengeschmack auf der Zunge spüre.
Er klagte auch bitterlich darüber, daß er seine Frau und seine Familie so schlecht versorgt zurücklasse. Madame Haibl erhielt daher von ihrer Mutter die Erlaubnis, die Nacht bei ihrer Schwester und ihrem Schwager zu verbringen. Gegen Abend sandten sie nach dem Arzt, der aber im Theater war und dem Boten antwortete, er würde kommen, »sobald die Oper vorüber wäre«. Bei seiner Ankunft wies er Madame Haibl an, Mozarts Schläfen und Stirne in Essig und kaltem Wasser zu baden. Sie fürchtete, daß die plötzliche Kälte dem Leidenden schaden könnte, dessen Arme und Beine sehr entzündet und geschwollen waren. Aber der Arzt bestand darauf und Madame Haibl legte ein feuchtes Tuch auf seine Stirne. Sogleich ging ein leichtes Beben durch Mozarts Körper und kurz darauf hauchte er in ihren Armen seine Seele aus. In diesem Augenblick waren nur Madame Mozart, der Arzt und sie selbst im Zimmer anwesend.
Das Zimmer, wo er gestorben ist, liegt im ersten Stockwerk nach der Straße zu.
Ich fragte Madame Mozart (die kurz darauf eintraf und uns womöglich mit noch größerer Herzlichkeit empfing als bei unserem ersten Besuch), wie es käme, daß der Abbé Stadler nur einen Teil des Requiems habe und daß der letzte Teil im Besitze Eyblers sei. Sie sagte, sie sei damals so erregt und verwirrt gewesen, daß sie sich an die Umstände nicht erinnern könne, obwohl die beiden erklärten, sie hätten die Manuskripte von ihr erhalten[114].
Ich habe abermals die Befriedigung, das reizende Porträt Mozarts von Lange zu sehen, und da ich mein Be-

dauern darüber aussprach, daß der Maler seine Hände nicht gemalt habe, die besonders zart und schön gewesen sein sollen, bestätigte sie mir, daß sie so weich und so schön geformt waren wie Frauenhände.
Auf meine Bitte zeigte sie mir die Partitur der Freimaurerode in Abbé Stadlers Handschrift mit Stadlers Orchesterbegleitung, und als ich ihr sagte, daß der Abbé keine Abschrift dieser Partitur für sich zurückbehalten hatte, versprach sie, ihm eine solche zu senden.
(Privat). Die Freundin des jungen Mozart in Polen ist eine Gräfin, die leider mit einem Mann verheiratet ist, den sie nicht liebt. Er hängt so sehr an ihr, daß seine Mutter fürchtet, er würde Polen ohne sie nie für lange Zeit verlassen, und da er sie wegen ihres Mannes nicht mitnehmen kann, verzweifelt Madame Mozart daran, daß er sich je in Wien oder in einer anderen Hauptstadt niederlassen wird, wo er besser bekannt und geschätzt werden würde [115].
Im Laufe des Tages erkundigte ich mich nach dem Befinden von Madame Sonnenburg und war froh zu hören, daß es ihr nicht schlechter ging. Aber da ich sie in ruhigem Schlafe fand, als ich ihr Zimmer betrat, wollte ich sie nicht stören und versprach, am Abend wiederzukommen, was wir auch taten. Ich begegnete auch dem Mann, der französisch sprach und uns so viel Höflichkeit erzeigt hatte. Er erzählte uns von der großen Freude, die ihr, wie sie wiederholt versicherte, das kleine Zeichen der Wertschätzung und Verehrung ihres Bruders bereitet hatte, das ich ihr aus England gebracht, und nahm an, daß ich gerne ein eigenhändiges Notenblatt oder irgendein anderes kleines Andenken an sie und ihren Bruder besitzen möchte. Sie war so gütig, mir das Porträt von

Mozart mit Originalrahmen zu schenken, das viele Jahre in ihrem Besitz gewesen, gerade so wie es in ihrem Zimmer über ihrem Sofa gehangen war. Ich will es mit der größten Sorgfalt und Ehrfurcht aufbewahren, denn ich weiß, daß dieses Bild einer der Gegenstände sein mußte, die sie täglich betrachtete, solange ihr das Augenlicht beschieden war.

V. N.

Die Arien für Bassethorn (»Non più di fiori«, »Al desio«) und für Klarinette (»Parto ma tu ben mio«) waren für einen ausgezeichneten Spieler namens Stadler (kein Verwandter des Abbé) geschrieben, woraus es sich erklärt, daß Mozart so viel Mühe auf die Obligatstimmen verwendet hat [116]. Er liebte die Klarinette und das Bassethorn und schrieb für das letztere einige Trios für Stadler, die aber verloren sind, da Stadler tot ist und die Manuskripte nicht gefunden werden können [117].
Madame Mozart gefielen etliche Menuette von einem Komponisten Mann, und Mozart, wie immer bereit, ihr einen Gefallen zu tun, sagte: »Da du Menuette so sehr liebst, will ich eines für dich schreiben.« Das tat er auch und der Abbé Stadler war so entzückt davon, daß er, wie Madame Mozart sagte, ein reizendes Trio dazu schrieb [118]. Sie suchte vergeblich danach, um es mir zu zeigen. Beim Durchblättern ihrer Musik fand sie die Partitur einer Baß-Arie mit Orchester, die ihr Sohn Wolfgang für Herrn Nissen geschrieben hatte, als dieser die kleine Oper seines Vaters, »Der Schauspieldirektor« bei einer ihrer eigenen Veranstaltungen aufführen ließ, und als ich das köstliche Terzett der beiden Primadonnen und

des Direktors erwähnte, worin die beiden Sängerinnen einander zu überbieten suchten, sagte mir Madame, daß sie eine der beiden Partien zu singen pflegte und bat mich, diese eigenartige Probe des Talents ihres Sohnes anzunehmen[119]. Er schrieb das Stück im Jahre 1808, als er noch nicht 18 Jahre alt gewesen sein konnte. Es ist meisterhaft instrumentiert und voll von komischen und dramatischen Effekten.
Sie fand auch ein Exemplar der reizenden Arie »Al desio«, die, wie sie sagte, von Mozart ausdrücklich für Signora Morichelli (auch in England bekannt) geschrieben worden war, neben der anderen entzückenden Arie[120]. Die Abschrift, die sie mir zeigte, war dieselbe, aus der Mozart sie (Madame Mozart) oft begleitet hatte, wenn sie mit ihm sang, und enthielt am Ende eine kleine Kadenz in seiner eigenen Handschrift, die er auf Verlangen seiner Frau für sie geschrieben hat.
Da sie sah, wie sehr es mich befriedigte, dieses Manuskript in Händen zu halten, das so reich an Interesse und Beziehungen war, schrieb sie ihren Namen darauf und schenkte es mir, damit ich es zur Erinnerung an sie aufbewahre. Ich brauche nicht zu sagen, wie hoch ich diese Handschrift schätze, die zugleich Mozarts musikalische Fähigkeiten, seine Güte und seine Zärtlichkeit als Gatte erweist und ein schmeichelhafter Beweis der freundlichen und herzlichen Gefühle ist, die mir seine Witwe entgegenbringt. Nachdem wir Kaffee genommen und einige Stunden lang mit dieser vornehmen Dame geplaudert hatten, deren Konversation besonders anziehend ist, nahmen wir Abschied und sie versprach, etwas auf die Manuskripte zu schreiben, die sie mir geschenkt hatte, und sie in unseren Gasthof zu schicken. Indes war sie so

höflich, selbst zu kommen, eben als wir uns zum Nachtessen setzten, statt das Mädchen zu schicken. Sie und ihre Schwester kamen wie alte Freunde; sie setzten sich zu uns an den Tisch und erwiesen uns die Ehre, ohne alle Förmlichkeiten an unserem kleinen Mahle teilzunehmen, just als wollten sie uns überzeugen, daß sie sich bei uns ebenso heimisch fühlten wie in ihrem eigenen Hause.

Nach dem Nachtessen durfte ich Mozarts Witwe und ihre Schwester sicher nach Hause geleiten. Sie hatten ihr eigenes Mädchen mitgebracht, um mir die Mühe zu ersparen und wollten mich durchaus überzeugen, daß meine Begleitung nicht nötig war, aber ich sagte ihr, es widerfahre mir nicht jeden Abend, die seltene Gesellschaft jemandes zu genießen, der sein Leben mit Mozart geteilt hat, worauf sie den kleinen freundschaftlichen Streit aufgab und so herzlich meinen Arm nahm, als ob ich ihr eigener Bruder gewesen wäre.

Da die Straße zu ihrem Hause durch das Tor des Nonnenklosters führt, das ich oben erwähnt habe und das zeitig am Abend geschlossen wird, mußten wir die Pförtnerin rufen. Sie ließ uns ein und Madame Mozart bat sie, meine Rückkehr abzuwarten und mich wieder hinauszulassen.

Wunderbarer Mondschein lag auf den Bergen in der Ferne, auf der alten gotischen Klosterkirche und auf der Feste. Die interessante Unterhaltung und die bezaubernde Schönheit der Landschaft machten diesen zu einem der romantischsten und köstlichsten Spaziergänge, die ich je genossen.

Bei ihrem Hause angelangt, mußte ich doch schließlich Abschied nehmen. Madame Mozart drückte mir noch einmal herzlich die Hand und versicherte mir, nachdem sie ihr Versprechen erneuert hatte, mir bald zu schreiben, daß unser Besuch in Salzburg das schönste Kompliment war, das seit vielen Jahren ihr und dem Andenken »ihres Mozart« erwiesen worden.

Ich brauche nicht zu sagen, welche Fülle von Gedanken und Überlegungen mich auf meinem einsamen Heimweg beschäftigte.

Anmerkungen

1 Das Datum der Abreise von London ist aus den Tagebüchern nicht zu ersehen, da aber die Subskriptionsliste für das »petit cadeau«, das der Schwester Mozarts zugedacht war, von »Mittwoch, 24. Juni 1829« datiert ist, ist anzunehmen, daß das Ehepaar Novello London an diesem Tage verließ.

2 Einige von den damals lebenden acht Kindern Novellos (drei waren früh verstorben) waren über den Sommer in Boulogne untergebracht.

3 General Graf Dominique René Vandamme (1770–1830), einer der Helden von Austerlitz, der Napoleon die Treue hielt und nach dem Sturz des Kaisertums nach Cassel verbannt wurde.

4 Novello wurde hier von Burney (»The present state of music in Germany, the Netherlands and the United Provinces, 1773«) irregeführt.

5 Sir Robert Strange (1721–92), berühmter Kupferstecher.

6 »Ducaze« steht hier für »ducasse«, Kirmes. St. Peter und Paul war offenbar Kirmes in Antwerpen.

7 Königin Elisabeth I.

8 A. S. M. Grétry (1742–1813), französischer Opernkomponist.

9 Samuel Prout (1783–1852), englischer Zeichner und Aquarellist.

10 Novello kennt die Baugeschichte des Kölner Doms nicht. Der Dom blieb bis 1880 unvollendet.

11 William Clarkson Stanfield (1794–1867), englischer Maler.

12 Die Brüder John (1783–1846) und Henry Le Keux (1787 bis 1868) waren Stecher, besonders architektonischer Vorwürfe.

13 Buckingham Palace, im Londoner Bezirk Pimlico gelegen.

14 Die berühmte Glocke von Bow Church, Cheapside, London.

15 Nikolaus Simrock (1752–1834), Verleger der frühesten Klavierauszüge der Mozartschen Opern.

16 Ferdinand Ries (1784–1838), aus Bonn gebürtig, Schüler Beethovens in Wien, seit 1813 in London, zog sich 1824 nach Bad Godesberg zurück. Sein Bruder Peter war bei der Londoner Klavierfirma Broadwood angestellt.

17 Vincent Novello. Mary Novello schreibt die italienische Form des Vornamens unrichtig (Vincenzo).

18 George Frederick Pinto (eigentlich Saunders), 1786–1806, ein vielversprechender, jung verstorbener Geiger.

19 Richtig Sir Olick O'Shane, Figur eines Abenteurers in einem Roman von Maria Edgeworth, »Ormond« (1817).

20 Stolzenfels wurde 1689 von den Franzosen zerstört und von Friedrich Wilhelm III. von Preußen wieder hergestellt.

21 G. A. Galignani (1752–1821) gab in Paris billige Ausgaben der Hauptwerke der damaligen englischen Literatur heraus.

22 Johann Nepomuk Hummel (1778–1837), Komponist und Pianist.

23 Johann Baptist Cramer (1771–1858) einer der größten Pianisten seiner Zeit, begründete 1828 in London den noch heute bestehenden Musikverlag J. B. Cramer.

24 Die Franzosen unter Custine bombardierten Mannheim im Jahre 1792.

25 Es handelt sich um die Ruinen der Abtei St. Michael auf dem Heiligenberg.

26 Hier und andernorts gebraucht Vincent Novello den Ausdruck »sterling music«, der nicht übersetzbar ist. Gemeint ist »reine«, »echte«, »erhabene« Musik.

27 Die von John Spetzler 1757 gebaute Orgel der deutschen lutherischen Kirche in London.

28 Josef Wölfel (1772–1812), berühmter Pianist und Rivale Beethovens auf dem Klavier.

29 Friedrich Griesbach († 1824) war erster Oboist am Kings Theatre in London.

30 Zitat aus einem Gedicht, »The Story of Rimini«, von Leigh Hunt.

31 Niccolò Jommelli (1714–1774) war Kapellmeister des Herzogs von Württemberg von 1753–1768.

32 G. S. R. Mercadante (1795–1870), neapolitanischer Opernkomponist.

33 Der englische Maler Clarkson Stanfield malte die Dekorationen für die Uraufführung von Webers »Oberon«, 1826.

34 Franz Krommer (eigentlich Kramář), 1760–1831, seit 1818 Kaiserlicher Kammerkompositeur in Wien.

35 Benedict Schack (1758–1826), der erste Tamino, seit 1796 in München. Die Messe wurde von Novello 1831 publiziert, wobei er Mozart vier Sätze fälschlich zuschrieb.

36 Die Messe wurde bei Nelsons Besuch in Eisenstadt im Jahre 1800 aufgeführt.

37 »Ricciardo e Zoraide« war 1818 geschrieben und in Neapel uraufgeführt worden.

38 Die Familie Rainer war eine Gruppe von Tiroler Volkssängern, die 1828 in London auftrat.

39 Henriette Sontag, Webers erste Euryanthe, hatte 1828 in London debütiert.

40 Constanze von Nissens Einladung, Novello möge sie »cet après dinné« besuchen, ist im Mozart-Museum (Nr. 832). Constanze geb. Weber (1763–1842) heiratete 1809 den dänischen Gesandtschaftssekretär Georg Nikolaus von Nissen, lebte bis 1820 mit ihm in Kopenhagen, sodann in Salzburg, wo Nissen 1826 gestorben war.

41 Der Brief Novellos ist hier in der Orthographie und im Wortlaut des Originals wiedergegeben. Mozarts verwitwete Schwester Marianne (Nannerl) (1751–1829) seit 1784 mit Baron Berchtold von Sonnenburg verheiratet.

42 Sophie Haibl, Konstanzes jüngere Schwester, mit dem Singspiel-Komponisten Jakob Haibl verheiratet, seit 1826 verwitwet. Wolfgang Amadeus Mozart d. J. geb. 1791, gestorben 1844 in Karlsbad.

43 Johann Anton André (1775–1842) hatte von Mozarts Witwe den gesamten handschriftlichen Nachlaß gekauft, den er sorgfältig katalogisierte, aber ebenso sorgfältig verschlossen hielt. Daher Novellos Frage nach den Opernhandschriften, über deren Verbleib keine genauen Nachrichten erhältlich waren.

44 Novello hat in seinem Tagebuch eine Reihe von Fragen aufgezeichnet, die er Constanze stellte.

45 Constanze konnte sich offenbar nicht erinnern, daß sie auch diese Partitur an André verkauft hatte.

46 Mozarts älterer Sohn Carl Thomas (1784–1858), Staatsbeamter in Mailand.

47 Familienbild von della Croce, Mozarts Kinderbildnis eines unbekannten Malers, Nissens Porträt von Jagemann und die beiden Söhne Mozarts von Hansen. Sie waren alle in Nissens Mozartbiographie wiedergegeben und befinden sich jetzt im Mozart-Museum in Salzburg.

48 Thomas Attwood (1765–1838), englischer Komponist und Organist 1785–1787 Schüler Mozarts in Wien.

49 Constanze erhielt eine kleine Pension.

50 Tobias Haslinger (1787–1872), Wiener Musikverleger und Freund Beethovens.

51 Abbé Maximilian Stadler (1748–1833), Mozarts Freund und Constanzes Berater.

52 Die Kantate »Der erste Frühlingstag«, der Kaiserin Caroline Augusta gewidmet.

53 Der Zettel, worauf Mozarts Sohn die Titel notiert hatte [Niemetscheks Biographie de Mozart, Schlichtegrolls Nekrolog (Gotha 1791)], ist noch vorhanden. Novello selbst fügte hinzu: »Das ist die Handschrift von Mozarts jüngstem Sohn. Er gab mir dies im Laufe einer sehr interessanten und genußreichen Unterredung, die ich mit ihm und seiner Mutter am 14. Juli 1829 in Salzburg hatte. Der junge Mozart ist ein melancholischer, versonnener Mann, ziemlich klein und gedrungen, von freiem, ungekünsteltem, ruhigem Gehaben. Sein Gesicht und besonders die Stirne gleicht ein wenig dem Vater. Er ist (ich glaube, zu seinem Unglück) Berufsmusiker und leidet unter dem Gedanken, daß alles, was er hervorbringen kann, den Werken seines berühmten Vaters so sehr nachsteht, daß er keine Lust zum Komponieren hat und das Komponierte nicht veröffentlichen will.«

54 Antonio Salieri (1750–1825) war Mozarts Rivale, aber Mozart selbst äußerte nie einen Verdacht, von ihm vergiftet worden zu sein. Das Gerücht, Salieri habe es auf dem Totenbett gestanden (er starb in geistiger Umnachtung), wurde weit herumgetragen, aber von denen, die ihn in seiner letzten Krankheit gepflegt hatten, entschieden in Abrede gestellt.

55 Ein im 17. und 18. Jahrhundert wohlbekanntes, schleichendes Gift.

56 Mozarts Schwester starb drei Monate später, am 29. Oktober 1829, und Vincent Novello dirigierte zu ihrem Gedächtnis das Mozartsche Requiem in der Kapelle der portugiesischen Botschaft in London.

57 Es handelt sich offenbar um das Instrument, das auf dem Familienbild von della Croce zu sehen ist. Es war von Anton Walter in Wien gebaut und befindet sich jetzt im Mozart-Museum in Salzburg.

58 Franz Joseph Gall (1758–1828), Begründer der Phrenologie.

59 Die Eintragung lautet:
La Misère des pauvres, le bonheur des riches,
La gloire des héros, la majesté des rois,
tout finit par: ci-gît

Salzbourg ce 15 juillet 1829
Souvenez-vous Monsieur et Madame de votre très humble Servante Constance de Nissen Veuve Mozart.

60 Constanzes Darstellung ist nicht ganz richtig. Es handelte sich um eine Erkrankung Constanzes vor ihrer Verehelichung, und die Messe war beim Salzburger Aufenthalt des Ehepaares (1783) unvollendet und mußte durch Sätze aus früheren Messen ergänzt werden. Nur das Kyrie und Gloria bilden den »Davidde Penitente«.

61 Dies ist ein Irrtum Novellos. Michael Haydn war, wie sein Bruder Joseph, in Rohrau geboren.

62 Hier handelt es sich wohl um ein Mißverständnis. Mozart und Constanze hielten sich nach ihrer Heirat nur einmal in Salzburg auf (1783) und der Aufenthalt währte kaum drei Monate.

63 Gemeint ist Isabella Colbran, die zur Zeit ihrer Verheiratung mit Rossini (1822) 37 Jahre zählte, während Rossini 30 Jahre alt war.

64 Angelica Catalani (1780–1849), die berühmte Sängerin, Gasparo Spontini (1774–1851), der Opernkomponist.

65 Carl Maria von Weber.

66 Es handelt sich um das Familiengrab am Sebastiansfriedhof. Auf dem Grabstein, den Constanze errichtete, ist weder Leopold Mozart noch »Nannerls« Tochter Jeanette Berchtold zu Sonnenburg erwähnt, die beide im selben Grabe ruhen.

67 Gottfried Weber, Herausgeber der Musikzeitschrift »Cäcilia«. Er veröffentlichte 1825 einen Artikel, worin Mozarts Urheberschaft am Requiem in Frage gestellt wurde.

68 Ernst August Kellner, Bassist.

69 »Die Nacht«. Terzett für zwei Tenor- und eine Baritonstimme.

70 Unter dem 17. Juli 1829 trug Constanze in ihr Tagebuch ein: »... Novello, sehr anziehender Mann und reizende Frau... diese guten Leute reisten heute, den 17. Juli, ab.«

71 Joseph Henickstein, ein persönlicher Freund Mozarts und Beethovens, eines der Gründer-Mitglieder der Gesellschaft der Musikfreunde in Wien.

72 Joseph Eybler (1764–1846), mit Mozart und Haydn befreundet, seit 1824 Nachfolger Salieris als Hofkapellmeister.

73 Eybler war erst 65 Jahre alt.

74 Die Haydnbüste von Thaller aus Haydns eigenem Besitz.

75 Die damals allgemeine Vermutung war richtig. Das Fehlen des Kopfes wurde 1820 anläßlich der Überführung der sterblichen Überreste Haydns nach Eisenstadt entdeckt. Der Kopf war aber nicht nach Paris geschickt worden, sondern vom Esterhazyschen Sekretär Rosenbaum behalten und von seinem Erben Johann N. Peter der Gesellschaft der Musikfreunde vermacht worden, die ihn schließlich am 5. Juni 1954 in Haydns Grab beisetzen ließ.

76 Ignaz Xaver von Seyfried (1776–1841), Johann Baptist Gänsbacher (1778–1844).

77 Aloysia Lange, geb. Weber.

78 Giuditta Pasta, 1798–1865, eine der berühmtesten Sängerinnen ihrer Zeit.

79 Es handelt sich um die kontrapunktischen Übungen, die Mozart 1782 für Maximiliane Stadler geschrieben hatte.

80 Novello irrt hier. Stadler besaß nur einen Teil des »Dies irae« in Mozarts Handschrift. Alles andere hatte er selbst abgeschrieben.

81 Im Oktober 1801 hatte Süßmayr in einem Brief an Breitkopf, der in der »Allgemeinen musikalischen Zeitung« abgedruckt wurde, erklärt, er könne die Veröffentlichung eines Werkes unter Mozarts Namen nicht gestatten, das zum größten Teil von ihm stamme und des großen Mannes unwürdig sei.

82 »Fuge für die Orgel oder das Pianoforte über den Namen des zu früh verblichenen Tonsetzers F. Schubert«, bei Diabelli erschienen.

83 Simon Sechter (1788–1867), nachmals Lehrer Anton Bruckners.

84 Große Gärten und Vergnügungsstätten am Südufer der Themse im damaligen London.

85 Hier liegt offenbar ein Mißverständnis vor. Es kann sich nicht um die »Kleine Freimaurerkantate«, K. V. 623 handeln, die von Mozart selbst instrumentiert ist. Vielleicht ist aber die Solokantate, K. V. 619, gemeint.

86 Hier spricht Stadler von der unvollendeten Kantate »Dir, Seele des Weltalls«, K. V. 428 (komponiert 1783).

87 Paul Hofheimer (1459–1539).

88 Gregor Werner (1695–1766), Haydns Vorgänger im Esterházyschen Dienst.

89 Beethoven kam tatsächlich bereits 1787 zu einem kurzen Besuch nach Wien und sah Mozart.

90 In einer Notiz merkt Novello an: »Quintette von Mozart – 1. Geige Schmidt, 2. Stock, 1. Viola Haydn oder Mozart, 2. Viola Abbé Stadler – Baß kann er sich nicht erinnern.«

91 Die »Sieben Worte des Erlösers am Kreuz«. Der Auftrag kam von Cadiz und das Werk, 1785 geschrieben, war das einzige von den vorher angeführten Werken Haydns, das Mozart gekannt haben konnte.

92 Florian Leopold Gassmann (1729–1774), seit 1771 Hofkapellmeister, starb an den Folgen eines Wagenunfalls.

93 Terrail war ein Sänger. Die Begleitung der Serenade ist für Mandoline und Pizzicato-Streicher geschrieben.

94 Johann Adolf Hasse (1699–1783), Leonardo Vinci (1690–1730).

95 Es handelt sich um K. V. 194, 1774 in Salzburg geschrieben.

96 Adalbert Gyrowetz (1763–1850), damals Direktor der Oper.

97 »Der blinde Harfner«, Prag, 1828.

98 Wenzel Müller (1767–1835), der Komponist u. a. der »Schwestern von Prag«.

99 Ignaz Assmayr (1790–1862).

100 Andreas und Nanette Streicher, Klavierfabrikanten und Freunde Beethovens.

101 Das ist unrichtig. Beethoven wohnte im Schwarzspanierhaus vom Herbst 1825 bis zu seinem Tode, also etwa 18 Monate.

102 Nanette Streicher war Beethovens Beraterin in allen Angelegenheiten seines Haushalts und der Erziehung seines Neffen Carl.

103 Der Brief vom Juli 1817 ist bei Thayer abgedruckt.

104 Girolamo Crescentini (1762–1846), einer der letzten und besten Kastraten.

105 Cahier 5 der bei Breitkopf & Härtel 1799 erschienenen »Oeuvres complette«.

106 Es handelt sich um die Büste von Franz Klein von 1812 und um das Porträt von Schimon (1818/19) oder Stieler.

107 Johann N. Hummel lebte von 1785–1787 in Mozarts Haus.

108 Streicher war ein Jugendfreund Schillers und half ihm bei der Flucht aus Stuttgart, 1782.

109 Die Opern waren nicht verloren. André hatte die Manuskripte von »Lucio Silla«, »La finta giardiniera«, »Il rè pastore« und »Mitridate« erworben, die »Finta giardiniera« existierte überdies gedruckt mit einer deutschen Übersetzung.

10 Samuel Arnold (1740–1802) gab die erste (unvollständige) Gesamtausgabe der Händelschen Werke (in 54 Bänden) heraus. Walsh war Händels Verleger zu seinen Lebzeiten.

11 Der Besteller des Requiems war Graf Walsegg.

12 Vincent Novello war einer der Direktoren der Londoner Philharmonic Society, die am 28. Februar 1827 auf Beethovens Gesuch um eine geldliche Unterstützung den Betrag von £ 100 zur Verfügung gestellt hatte.

113 Jakob Haibl (1761–1826) war Tenor in Schikaneders Truppe und hatte einige Singspiele geschrieben. Zur Zeit seines Todes war er Chormeister am Theater in Djakovar in Slavonien.

114 Stadler hatte sein Fragment im Jahre 1827 von einem »ungenannten Freunde« erhalten, es stammte aber aus Süßmayrs Nachlaß. Eybler hatte das seinige von Constanze Mozart bekommen, um es zu vollenden. Als er den Auftrag endgültig ablehnte, scheint er es an Constanze nicht zurückgegeben zu haben.

115 Trotzdem Walter Hummel (»W. A. Mozarts Söhne«) ein Verhältnis zwischen Mozarts jüngerem Sohn und Josephine v. Baroni-Cavalcabò geb. Gräfin Castiglioni für unmöglich hält, scheint diese Mitteilung doch bestimmt darauf hinzudeuten. W. A. Mozart jun. blieb unvermählt und setzte Josephine zu seiner Universalerbin ein.

116 Vitellias Arie »Non più di fiori« und Sestos Arie »Parto ma tu ben mio« sind aus »Titus«, »Al desio di chi t'adora« ist eine für Susanne nachkomponierte Arie aus »Figaro« (K. 577). Anton Stadler war der Klarinettist, für den Mozart u. a. das Klarinettenkonzert geschrieben hat.

117 Es handelt sich offenbar um die Trios K. A. 229 und 229 a, über die Constanze im Mai 1800 an André schrieb. Sie erschienen ein paar Jahre später bei Artaria, Simrock und Breitkopf.

118 Es handelt sich offenbar um das Menuett in D für Klavier, K. 355, Köchel-Einstein 594 a, das, mit einem Trio in h-moll von Stadler, bei Mollo erschien. Der Komponist Mann ist wohl Joh. Christian Mann (1726–1782).

119 Diese Arie »Ich bin der erste Buffo« befindet sich jetzt im Britischen Museum.

120 In seinem eigenen thematischen Katalog vermerkt Mozart, daß diese Einlage ebenso wie die »andere« Arie, »Un moto di gioia« für Adriana Ferraresi del Bene geschrieben war, die 1789 in Wien die Susanne sang.